초등학교
고학년 학생을 위한
4~6학년

국립국어원과 함께하는

쏙쏙!
국어
교실

기획 · 집필 / 국립국어원

시사북스
(주)한글파크®

책을 펴내며

    우리는 학교에서 우리말과 글로 다른 사람의 생각을 이해하고 자신의 의견을 표현하는 독해력과 표현력을 익힙니다. 이를 위해서는 어휘력·문장력·사고력 등과 같은 기초 국어 능력이 필요합니다. 기초 국어 능력은 국어 과목에만 필요한 것이 아니고 범교과적으로도 필요하며, 학생들의 학업 성취 능력과도 직결됩니다.

    어릴 적 길러진 독해력이나 표현력은 학교 교육에서 필요한 학업 능력일 뿐만 아니라 이후 성인의 사회 적응 능력에 연결되어 궁극적으로는 개인의 삶의 질을 결정하기도 합니다. 비판적 사고와 표현 능력의 부족은 사회 적응 능력의 격차를 발생시키기 때문입니다.

    그런데 우리 주변에서는 국어 능력을 따로 배우거나 향상시킬 필요가 없는 것으로 여기는 경우가 많습니다. 초등학생의 경우, 학교 학습 과정 중 '읽기'나 '쓰기' 활동에서 어휘력·문장력·사고력과 같은 '기초 국어 능력' 형성에 크게 신경을 쓰지 않으면서 독해력과 표현력의 부족함을 한탄합니다.

    국립국어원은 국민의 국어 능력 향상을 목표로 여러 가지 연구·개발 사업을 수행하고 교육 과정을 운영해 왔습니다. 이러한 사업의 하나로, 초등학교 학생들이 모든 언어활동의 기본이 되는 독해력과 표현력의 향상을 위해 어휘력·문장력·사고력 등의 기초 국어 능력을 향상시킬 수 있는 교육 과정을 마련하고 교재를 개발하는 일을 지속해 오고 있습니다.

    『초등학교 저/고학년을 위한 – 국립국어원과 함께하는 쏙쏙! 국어 교실』은 이러한 연구 사업의 결과물로, 어문 규정에 기초한 바른 어휘 습득을 시작으로 문장 쓰기 활동을 거쳐 다양한 사고력 향상을 통해 한 편의 글쓰기 활동까지 이어질 수 있도록 구성된 교재입니다. 다양한 활동을 통해 학생들이 스스로 생각하고 표현하는 과정에 익숙해지면서 어휘력·문장력·사고력과 같은 기초 국어 능력을 향상시켜 궁극적으로 독해력과 표현력을 향상시키는 데에 초점을 맞추었습니다. 또한 학년에 관계없이 학생 본인의 기초 국어 능력에 맞게 활용할 수 있도록 초등학교 저학년/고학년군으로 나누어 교재를 개발했습니다. 특히 본 교재를 활용하여 시범 수업의 결과에서 나타난 교육 현장에서의 반응과 요구도 반영하였습니다.

    2012년부터 시작된 초등학생의 기초 국어 능력 향상을 위한 교재 개발 사업에 참여해 주신 집필자 여러분께 깊은 감사의 말씀을 드립니다. 그리고 본 교재 보급을 위해 출판을 맡아 주신 ㈜ 한글파크에도 감사의 인사를 드립니다. 모쪼록 이 교재가 초등학생 여러분의 기초 국어 능력 향상에 도움이 되는 훌륭한 길잡이가 되기를 바랍니다.

2014년 8월
국립국어원장 민현식

국립국어원은 무엇을 하는 곳일까요?

국립국어원은 국어 발전과 국민의 언어생활 향상에 필요한 연구와 사업을 하는 기관입니다. 국립국어원은 다음과 같은 일을 합니다.

- 어문 정책 수립에 필요한 자료를 조사·연구하여 정책의 기반을 만듭니다.
- 국민이 교양 있고 표준적인 언어생활을 하도록 어문 규정을 주관하고 국어사전을 편찬합니다.
- 각종 어문 관련 자료를 수집·정리하여 국어 유산을 체계적으로 보전하고 국어 발전의 발판을 마련합니다.
- 한국어의 국제적 위상을 강화하기 위해 한국어를 국외에 보급합니다.

국립국어원에서는 무엇을 할 수 있을까요?

1 '표준국어대사전'과 국어 정보 검색

- 국립국어원 누리집(korean.go.kr)에서 '표준국어대사전', '국어연감' 등의 발간물을 비롯하여 각종 국어 관련 정보와 자료 검색

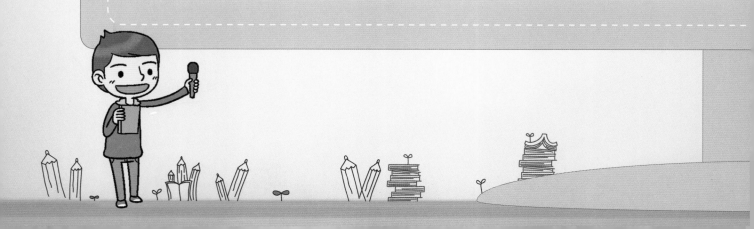

②　'가나다 전화'와 '온라인 가나다' 활용

- 가나다 전화: 전화 상담원이 한국어 어문 규정을 비롯하여 국어 관련 질문에 답변
  · 상담 시간: 월요일~금요일, 오전 9시부터 오후 6시까지
  · 전화번호: 1599-9979(국어친구)
- 온라인 가나다: 국립국어원 누리집의 '온라인 가나다'에서 국어 관련 질문에 답변

③　국어 정보지 받아보기

- 계간지《새국어생활》: 국민이 국어에 관심을 가지고 폭넓게 이해하도록 국어 생활 전반의 관심거리를 담아 발간·배포
- 온라인 소식지《쉼표, 마침표.》: 국어 관련 소식을 제공하고 국립국어원 활동을 홍보하기 위해 달마다 발간하여 전자우편으로 발송
· 정기 수신 요청: 국립국어원 누리집에서 소식지(온라인) 신청서 작성하여 신청

④　'모두가 함께하는 우리말 다듬기(www.malteo.korean.go.kr)' 참여

- 국립국어원에서는 1991년 개원한 이래 일본어 투 용어, 어려운 한자어, 서구 외래어 등을 순화해 옴. 2004년 7월부터 동아일보, 동아닷컴 등과 함께 국민이 직접 참여하여 우리말을 가꾸는 '모두가 함께하는 우리말 다듬기' 누리집 운영

⑤　'디지털 한글 박물관 (www.hangeulmuseum.org)' 이용

- 한글의 우수성을 국내외에 널리 알리기 위해 한글 자료를 통합해서 관리
- 한글 문화 유산을 모아서 자료로 체계화하고 전문가들의 해설을 덧붙인 디지털 전시관(한글의 탄생과 역사, 아름다운 한글, 생활 속 한글, 한글과 교육, 한글의 진화와 미래, 학술 정보관 등) 운영

차례

국어사전 살펴보기

저 오늘 쥐구멍에 들어가고 싶었어요. 예전부터 좋아했지만 고백을 못하고 있던 같은 반 친구 은영이에게 문자를 보냈거든요. "잇다가 나랑 떡볶기 먹으러 갈래? 마싯는 집 아는데." 그랬더니 금방 답장이 왔어요. "너나 많이 먹어. 맞춤법도 모르는 무식한 애와는 안 먹어." 은영이가 좋아한다는 떡볶이 같이 먹으면서 고백하려고 했는데. 맞춤법 좀 틀린 게 뭐 그리 큰 문제라고. 다른 친구들과 문자 할 때는 맞춤법 따위 신경도 안 쓰는데. 한편으로는 억울했지만 한편으로는 창피했어요. 맞춤법을 꼭 지켜야 하나요? 아니, 어떻게 하면 맞춤법을 잘 알 수 있나요?

1 왜 바르게 써야 하나요?

선생님께서는 모든 글은 맞춤법에 맞게 써야 한다고 말씀하셨어요. 선생님 말씀을 가슴 깊이 새기면서 이제부터 왜 글을 쓸 때는 맞춤법에 맞게 써야 하는지 알아보려고 합니다. 아래의 예를 함께 보면서 무엇을 쓰려고 했는지 이야기해 볼까요.

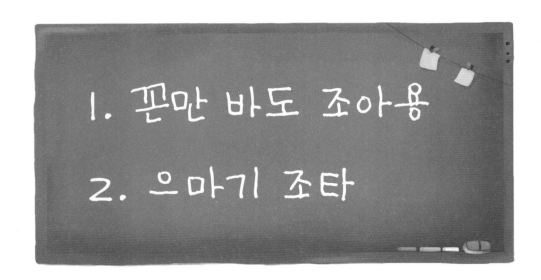

1. 끈만 바도 조아용

2. 으마기 조타

칠판에 있는 문장이 무슨 뜻인지 이해했나요? 얼른 이해하기가 어렵지요? 저도 마찬가지예요. 문장을 소리 나는 대로 썼을 뿐 맞춤법에 맞지 않게 썼기 때문이지요. 그래서 글을 쓸 때는 반드시 맞춤법에 맞게 써야 한답니다.

칠판에 쓰여 있는 낱말들을 보세요. 모두 맞춤법에 맞지 않았어요. 어디가 틀렸는지 알맞게 고쳐 보세요. 혼자 하기가 어렵다면 선생님이나 친구들과 함께 바로잡아 보세요.

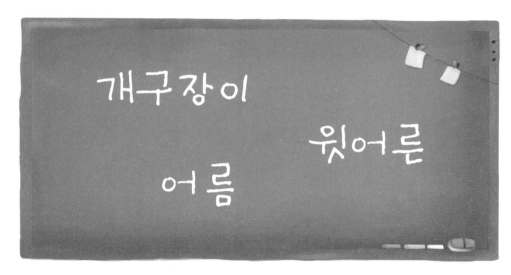

개구장이

윗어른

어름

🦋 바르게 고치기

개구장이	⇨	
윗어른	⇨	
어름	⇨	

 쏙쏙! 하나 더 알기 1

'-장이' 와 **'-쟁이'** 는 쓰임이 어떻게 다른가요?

'-장이'는 전문가나 어떤 것과 관련된 직업을 가진 사람을 가리킬 때 씁니다.
예를 들어 '옹기장이'는 옹기를 만드는 전문가를 뜻합니다.

'-쟁이'는 어떤 성격이나 특성이 있는 사람을 가리킬 때 씁니다. 예를 들어
'멋쟁이'는 멋있거나 멋을 잘 부리는 사람을 뜻합니다.

글자 하나하나를 어떻게 쓰는지만 알면 글을 잘 쓸 수 있을까요? 아래에 있는 문장을 보고 무슨 뜻인지 생각해 보아요. 그리고 친구들과 이야기해 보세요.

배추나무있어요?

무슨 말인지 쉽게 알 수 있나요? 저처럼 잠깐이라도 배추가 열리는 나무가 있는 건 아닌지 고민한 사람은 없겠죠. 이 문장은 '배추나 무 있어요?'라고 띄어 써야 합니다. 띄어 쓰기를 제대로 하지 않았기 때문에 문장의 뜻도 잘못 이해한 거지요. 이처럼 문장의 뜻을 정확하게 전하려면 띄어쓰기도 올바르게 해야 합니다.

맞춤법 + 띄어쓰기 = 뜻이 통해요!

글을 읽는 사람이 뜻을 정확히 이해하게 하려면 맞춤법과 띄어쓰기를 잘해야 해요. 그럼 어떻게 해야 맞춤법과 띄어쓰기에 대해 잘 알 수 있을까요? 가장 좋은 방법은 '국어사전 활용하기'와 '맞춤법 공부하기'라고 합니다. 먼저 국어사전 활용하기에 대해 알아볼까요?

바른 글쓰기, 국어사전 활용하기로 시작하자!

국어사전에는 낱말마다 뜻이 설명되어 있어요. 그래서 어떤 낱말의 바른 표기나 뜻이 궁금할 때는 국어사전에서 찾아보면 되지요.

시나브로 부
모르는 사이에 조금씩 잇따라

시나브로 얼음장 밑으로 봄이 오고 있다.

예를 들어 '시나브로'라는 낱말의 뜻을 모를 때 국어사전에서 찾아보면 됩니다. 그런데 국어사전은 어떻게 찾아보지요? 국어사전에서 낱말 찾는 방법을 알아보고 국어사전도 직접 만들어 볼 거예요.

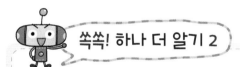 쏙쏙! 하나 더 알기 2

국어사전 사용법 을 알아보기 전에!

지금 우리가 볼 수 있는 가장 대표적인 국어사전은 국립국어원에서 펴낸 『표준국어대사전』이에요. 『표준국어대사전』은 50만 개가 넘는 낱말이 실려 있는 아주 큰 사전입니다. 따라서 국어사전에서 낱말 찾는 방법을 알아볼 때 『표준국어대사전』을 이용하면 좋아요.

하지만 이 사전은 우리가 보기에는 너무 크고 무거워요. 그러니 초등학생용 국어사전으로 연습하는 것이 좋겠어요. 『표준국어대사전』은 인터넷에서도 볼 수 있으니 다음에 꼭 이용해 보자고요.

2 국어사전 사용법

낱말 분리하기

국어사전에서 낱말을 찾으려면 먼저 낱말 분리하기를 해야 합니다. 낱말 분리하기는 낱말을 첫소리, 가운뎃소리, 끝소리로 나누는 거예요. 낱말을 나눈다니 낯설고 어렵게 느껴진다고요? 하지만 자꾸 해 보면 어렵지 않아요.

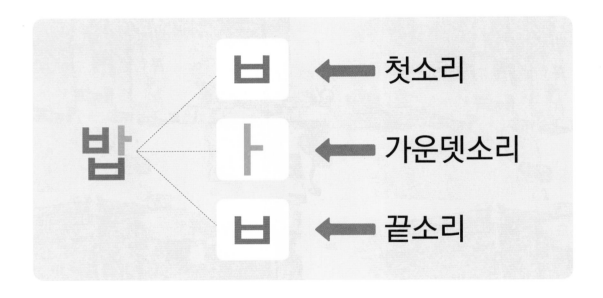

예를 들어 우리가 늘 먹는 '밥'은 위의 그림처럼 'ㅂ, ㅏ, ㅂ'으로 나뉩니다. 어때요? 어렵지 않죠. 이번에는 '웬'과 '폐'를 나누어 보아요.

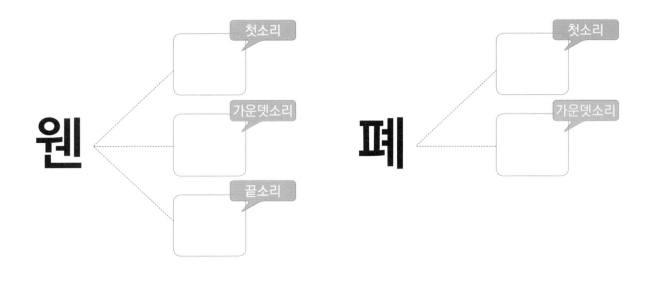

'웬'은 'ㅇ, ㅞ, ㄴ'으로 나뉩니다. '폐'는 'ㅍ, ㅖ'로 나뉘고요. 이제는 낱말 나누기에 자신 감이 생겼죠? 이번에는 두 글자로 된 낱말을 분리해 봅니다.

두 글자로 된 낱말을 모두 분리해 보았나요? '방귀'는 'ㅂ, ㅏ, ㅇ'과 'ㄱ, ㅟ'로 나뉘고, '인쇄'는 'ㅇ, ㅣ, ㄴ'과 'ㅅ, ㅙ'로 나뉩니다. 모두 잘 나누었죠?
자, 이제 저와 함께 다음 단계로 가요.

순서대로 찾기

낱말을 나눈 다음에는 '첫소리, 가운뎃소리, 끝소리'를 국어사전에서 순서대로 찾아보세요. '밥'이라는 낱말을 찾아볼까요? '밥'은 'ㅂ, ㅏ, ㅂ'을 순서대로 찾으면 됩니다.

· 낱말 찾는 순서 ·

① 첫소리 찾기 ⇨ ② 가운뎃소리 찾기 ⇨ ③ 끝소리 찾기

그런데 낱말의 '첫소리, 가운뎃소리, 끝소리'는 어떤 순서로 국어사전에 들어 있을까요? 세 소리의 순서는 다음과 같아요.

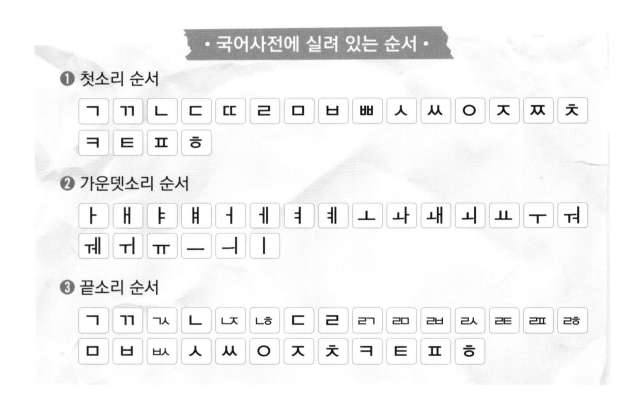

· 국어사전에 실려 있는 순서 ·

❶ 첫소리 순서

| ㄱ | ㄲ | ㄴ | ㄷ | ㄸ | ㄹ | ㅁ | ㅂ | ㅃ | ㅅ | ㅆ | ㅇ | ㅈ | ㅉ | ㅊ |
| ㅋ | ㅌ | ㅍ | ㅎ |

❷ 가운뎃소리 순서

| ㅏ | ㅐ | ㅑ | ㅒ | ㅓ | ㅔ | ㅕ | ㅖ | ㅗ | ㅘ | ㅙ | ㅚ | ㅛ | ㅜ | ㅝ |
| ㅞ | ㅟ | ㅠ | ㅡ | ㅢ | ㅣ |

❸ 끝소리 순서

| ㄱ | ㄲ | ㄳ | ㄴ | ㄵ | ㄶ | ㄷ | ㄹ | ㄺ | ㄻ | ㄼ | ㄽ | ㄾ | ㄿ | ㅀ |
| ㅁ | ㅂ | ㅄ | ㅅ | ㅆ | ㅇ | ㅈ | ㅊ | ㅋ | ㅌ | ㅍ | ㅎ |

국어사전 찾기가 아직도 어렵나요? 하지만 지금까지 배운 대로만 하면 낱말을 쉽게 찾을 수 있을 거예요. 함께 낱말을 찾으면서 국어사전을 어떻게 사용하는지 익혀 보세요. 이번에는 낱말 '논'을 국어사전에서 찾아보아요.

먼저 '논'을 첫소리, 가운뎃소리, 끝소리로 나누어요. 그리고 순서대로 'ㄴ, ㅗ, ㄴ'을 국어사전에서 찾아봅니다.

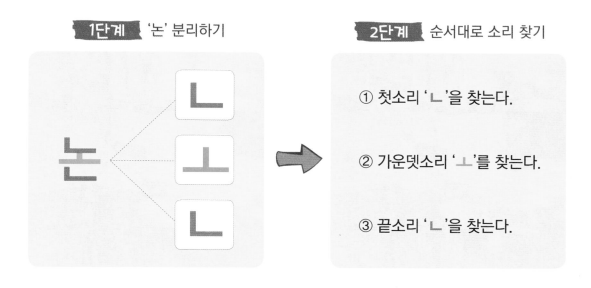

1단계 '논' 분리하기

논 → ㄴ / ㅗ / ㄴ

2단계 순서대로 소리 찾기

① 첫소리 'ㄴ'을 찾는다.

② 가운뎃소리 'ㅗ'를 찾는다.

③ 끝소리 'ㄴ'을 찾는다.

'논'을 모두 잘 찾았나요? 이번에는 '사과'를 국어사전에서 찾아볼까요?

1단계 '사과' 분리하기

사 → ☐ / ☐

2단계 순서대로 소리 찾기

① 첫소리 ☐ 을 찾는다.

② 가운뎃소리 ☐ 를 찾는다.

과 → ☐ / ☐

① 첫소리 ☐ 을 찾는다.

② 가운뎃소리 ☐ 를 찾는다.

국어사전에서 '사과'를 찾아보았습니다. 낱말 찾기가 처음이라 어렵고 시간도 많이 걸렸지요? 하지만 조금만 연습하면 금세 낱말 찾기의 달인이 될 수 있을 거예요. 모두 힘내서 국어사전 찾기의 달인이 될 때까지 낱말 찾기를 연습해 보자고요.

모양이 변하는 낱말 찾기 1

우리말에는 모양이 그대로인 낱말도 있지만 모양이 변하는 낱말도 있어요. 그걸 어떻게 아느냐고요? 모양이 변하는 낱말은 다음과 같은 방법으로 찾으면 된답니다.

낱말의 모양이 변할 때는 어떻게 찾을까요?

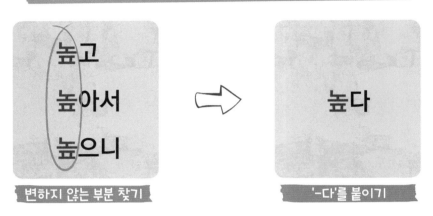

모양이 변하는 낱말을 사전에서 찾으려면 원래 모양을 알아야 해요. 너무 어렵게 생각하지 마세요. 원래 모양을 찾기는 간단하거든요. 모양이 다양한 낱말에서 변하지 않는 부분을 찾은 뒤 '-다'를 붙이면 되니까요. 예를 들어 '높고, 높아서, 높으니'는 '높-'이 변하지 않으니 여기에 '-다'를 붙이면 됩니다. 그리고 나서 '높다'를 국어사전에서 찾으면 되지요. 그럼 각자 모양이 변하는 낱말을 국어사전에서 찾아보세요.

16

모양이 변하는 낱말 찾기 2

모양이 변하는 낱말 가운데 원래 모습과 아주 다르게 변하는 것도 있어요.

아름답다

① 승희도 아름답고 재희도 아름답다.

② 승희는 마음이 아름다워.

'아름답다'는 위의 ①번 문장처럼 🍀낱말 모양이 그대로일 때도 있지만 ②번 문장처럼 🍀낱말 모양이 변할 때도 있어요. 이렇게 낱말 모양이 크게 변하는 낱말은 사전에서 원래 모양으로 찾아야 합니다. 예를 들어 ②번 문장처럼 '아름다워'라고 쓰더라도 사전에서는 '아름답다'를 찾아야 하지요.

그럼 모양이 크게 변하는 낱말에 대해 알아볼까요?

아래 밑줄 친 낱말의 원래 모양을 빈칸에 써 보세요.

경범은 숙제가 무엇인지 몰랐다.
미호는 맞춤법을 잘 모른다.

⇨

민규는 차에 배낭을 실었다.
아저씨는 자전거에 짐을 가득 싣고 오셨다.

⇨

뱃사공은 배의 속도를 높이려 노를 빨리 저었다.
찬규는 미역국을 숟가락으로 휘휘 젓고 있었다.

⇨

 쏙쏙! 하나 더 알기 3

모양이 변하는 낱말들

우리말에는 모양이 변하는 낱말이 있어요. 아래의 예에서 모양이 어떻게 변하는지 살펴보세요. 그리고 모양이 바뀌는 낱말을 더 찾아보세요.

[1] 모르다 → 삼촌 집이 어딘지 몰라서 한참 헤맸다.
　　　　　　　우리가 모르는 문제는 선생님께서 알려 주셨다.
[2] 낫다 → 영식이는 병이 다 나아서 퇴원했다.
　　　　　　병이 빨리 낫는다면 참 좋을 텐데.

낱말 순서 정리하기

네모 상자에 있는 낱말들을 국어사전에 나오는 순서대로 정리해 보세요.

순서대로 다시 쓰기 1

| 틀리다 | 며칠 | 다르다 | 센티미터 | 붙이다 |

⬇

| ❶ | ❷ | ❸ | ❹ | ❺ |

순서대로 다시 쓰기 2

| 보전 | 부치다 | 보존 | 배우다 | 변하다 |

⬇

| ❶ | ❷ | ❸ | ❹ | ❺ |

순서대로 다시 쓰기 3

| 의견 | 왠지 | 얘기 | 웬일 | 예의 |

⬇

| ❶ | ❷ | ❸ | ❹ | ❺ |

순서대로 다시 쓰기 4

폭탄　　타다　　카드　　용돈　　축구

⇩

❶　　❷　　❸　　❹　　❺

낱말 빨리 찾기

친구들과 함께 낱말 빨리 찾기 놀이를 해 보세요. 둘이나 셋씩 짝을 지어 아래에 있는 낱말을 국어사전에서 누가 더 빨리 찾는지 겨뤄 보세요. 가벼운 벌칙을 정해 놓고 하면 더 재미있겠죠?

🌸 낱말 빨리 찾기 놀이

웃어른　　며칠　　케이크　　숟가락　　앞니

19

국어사전에서 사대문 위치 찾기

우리나라의 수도인 서울에는 사대문이 있어요. 사대문은 종로를 중심으로 동, 서, 남, 북에 각각 있는데요. 사대문을 사전에서 찾은 뒤 사대문이 어디에 있는지 써 보세요. 낱말의 뜻풀이를 꼼꼼히 읽어 보면 사대문의 위치를 알 수 있답니다.

🌸 사대문 위치 찾기

숙정문	돈의문	흥인지문	숭례문

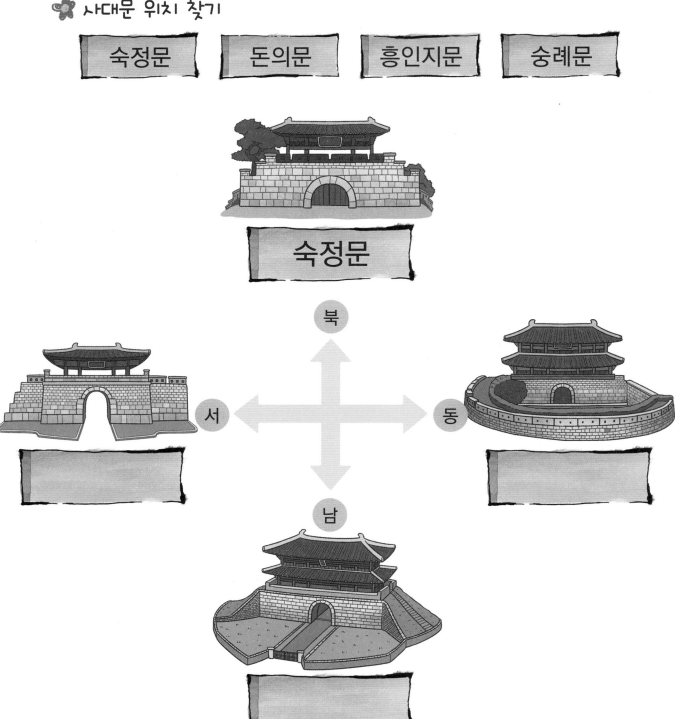

숙정문

북

서

동

남

③ 내가 만드는 국어사전

지금까지 여러 낱말을 국어사전에서 찾아보았죠? 그런데 국어사전에는 낱말의 뜻만 있는 것이 아니에요. 다양한 내용이 들어 있다고 하니 같이 살펴볼까요? 그런 다음 국어 사전을 직접 만들어 보겠습니다.

국어사전 완전히 이해하기

국어사전에서는 낱말의 뜻뿐만 아니라 다른 내용도 알 수 있어요. 낱말을 어떻게 발음 하는지, 어떤 한자를 쓰는지도 나와 있어요. 비슷한 말이나 반대말이 무엇인지도 알 수 있고요.

국어사전에서 '합계'라는 낱말을 찾으면 아래와 같은 내용이 나와요.

낱말의 한자를 알려 줍니다.　　낱말의 발음을 알려 줍니다.　　　　　낱말의 품사를 알려 줍니다.

합계(合計) [합꼐/합께] 명

낱말의 뜻을 알려 줍니다.
여러 수나 양을 모두 합하여 셈한 값

낱말의 예를 알려 줍니다.
예 두 분단의 산수 성적 합계를 구하여라.

비슷한 낱말을 알려 줍니다.
비 총계

국어사전에는 '합계'의 뜻은 물론 한자나 발음도 나옵니다. 글로 쓸 때는 '합계'이지만 읽을 때는 [합꼐]나 [합께]로 발음해야 한다는 것도 알 수 있지요. '예'는 '합계'가 문장에 서 쓰이는 예를 보여 주는 것이고요. 이처럼 국어사전에는 낱말과 관련된 내용이 상세히 들어 있습니다. 그러니 국어사전에서 낱말을 찾을 때는 뜻뿐만 아니라 다른 정보도 꼼꼼 히 살펴보는 습관을 들이세요. 그럼 만물박사가 될 거예요.

내가 만들어 보는 국어사전

국어사전은 우리에게 낱말과 관련된 정보를 많이 알려 줍니다. 이렇게 멋진 국어사전을 직접 만들어 보면 어떨까요? 큰 사전을 만들기는 어렵지만 낱말 몇 개를 골라 사전을 만들어 보는 것은 어렵지 않아요. 국어사전을 혼자서 만들기가 어렵다면 선생님이나 친구와 함께 만들어 보세요. 자, 그럼 시작해 볼까요?

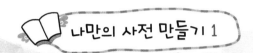 나만의 사전 만들기 1

① 낱말의 발음을 써 봅시다.

귀엽다 [   ] 형

뜻 (무엇이 또는 누가) 예쁘고 사랑스럽다.

예

② '귀엽다'가 들어간 문장을 써 봅시다.

 순서

① '귀엽다'를 발음해 보세요. 그리고 소리 나는 대로 써 보세요.
② '귀엽다'라는 말이 들어간 짧은 문장을 써 보세요.

예 고양이가 귀엽다.

 나만의 사전 만들기 2

친구(親舊) 명

> ① 친구의 의미를 써 봅시다.

뜻

예

> ② '친구'가 들어간 문장을 써 봅시다.

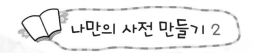 순서

① '친구'의 뜻을 마음대로 적어 보세요. 조금 어렵다면 사전을 보고 뜻을 옮겨 써 보세요.

② '친구'라는 말이 들어간 짧은 문장을 써 보세요.

> 예 우진이는 내 친구이다.

　　모두 나만의 국어사전을 만들었나요? 그럼 친구들 앞에서 사전을 어떻게 만들었는지 발표해 보세요. 친구들 이야기도 들어보고 어려운 점과 재미있는 점은 무엇인지 이야기해 봅니다.

국어사전과 맞춤법

　　처음에는 국어사전에서 낱말의 뜻을 찾기가 쉽지 않을지도 몰라요. 하지만 조금만 참고 계속 찾다 보면 나도 모르는 사이에 낱말 찾기의 '달인'이 되어 있을 거예요. 시나브로 국어 실력도 쑥쑥 늘 거고요. 이제 모르는 낱말이 나오면 언제든 국어사전을 먼저 찾아 봅시다.

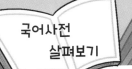

 더 해 보기  사전을 활용하여 바르게 쓰기

 서진이의 고민

서진이는 일기에 "친구는 반드시 올 것이다."라고 썼어요. 그런데 왠지 '반듯이'라고 써야 할 것 같았어요. 두 낱말을 소리 내어 읽어 보니 발음도 똑같았고요. 서진이는 '반드시'로 써야 하는지 '반듯이'로 써야 하는지 헷갈렸어요. '반드시'와 '반듯이'는 어떻게 다를까요? 사전에서 두 낱말을 찾아본 뒤 서진이에게 알려 주세요.

 태현이의 고민

태현이는 아름다운 우리말로 시를 쓰고 싶어해요. 어제 국어 시간에 배운 시가 참 재미있었거든요. 그래서 인터넷에서 찾아보았지만 썩 마음에 드는 말이 없습니다. 어떻게 하면 멋진 우리말을 찾을 수 있을까요? 태현이에게 알려 주세요.

 진아의 고민

진아는 선생님께서 내주신 숙제를 해야 하는데 걱정입니다. 선생님께서 속담을 10개 이상 써 오라고 하셨는데 아무리 생각해도 속담이 한두 개밖에 떠오르지 않는 거예요. 진아의 고민을 해결해 주세요.

 현우의 고민

현우는 친구들과 끝말잇기 놀이를 했는데 낱말이 바로바로 생각나지 않아서 창피했어요. 끝말잇기를 잘하고 싶어서 어려운 낱말을 찾아보려고 하는데 어떻게 해야 하는지 모르겠어요. 현우에게 모르는 낱말을 사전에서 찾아보는 방법을 알려 주세요.

더 알아보기 1

가나다 전화와 온라인 국어생활종합상담(온라인 가나다)

국립국어원 누리집에서 어문 규정이나 『표준국어대사전』을 찾아봐도 문제가 풀리지 않거나 답을 찾기 어려울 때도 있어요. 그럴 때는 국립국어원의 '가나다 전화'에 전화를 하거나 '온라인 국어생활종합상담(온라인 가나다)'에 글을 올려 물어볼 수 있답니다.

'가나다 전화(1599-9979)'는 글을 쓰거나 말을 하면서 궁금한 점이 있을 때 물어볼 수 있는 상담 전화입니다. '가나다 전화'로 전화해서 국어에 대해 궁금한 것을 물어보면 상담하시는 분이 친절하게 설명해 줄 거예요.

전화하기가 어려울 때는 '온라인 국어생활종합상담'을 이용해도 좋아요. 예를 들어 '가십시오'가 맞는지 '가십시요'가 맞는지 궁금할 때 '온라인 국어생활종합상담(온라인 가나다)'에 글을 남기면 다음 날 답변을 볼 수 있어요.

> ### ▶ 온라인 국어생활종합상담(온라인 가나다)
> 첫화면 > 질의응답 > 온라인 국어생활종합상담(온라인 가나다)
>
> 이곳은 어문 규범, 어법, 표준국어대사전 내용 등에 대하여 문의하는 곳입니다.
> 법률 및 규정의 해석, 시험 문제의 정답 판정 등 소관 기관의 해석이 필요한 사안은 답변해 드리기가 어렵사오니 양해해 주시기 바랍니다.
> 질문에 대한 답변은 휴일을 제외하고 다음 날까지 완료되며, 상황에 따라 조금 늦어질 수도 있습니다. 가능한 한 빨리 답변을 드리도록 하겠습니다.
> 저속한 표현, 타인에 대한 명예훼손, 불건전한 내용, 기타 게시판의 성격에 맞지 않는 내용을 담은 글은 이용자의 편의를 위하여 예고 없이 삭제될 수 있습니다.
>
> | 2006년 12월 31일 이전 자료 보기 | 2007년 01월 01일 ~ 2008년 10월 07일 자료 보기 | 2008년 10월 08일 이후 자료 보기 |
> |---|---|---|
>
> ※ 두 단어 조합 검색 방법 : 단어와 단어 사이에 **AND** 를 삽입(예 : **가 AND 나**).
>
> [질문내용 ▼] [가십시오] [찾기] [전체] [옛 한글 사용]
>
> | 번호 | 제목 | 작성자 | 작성일 | 조회 |
> |---|---|---|---|---|
> | 6 | 전화 끊을 때 인사말 | | | 245 |
> | | ↳댓글 전화(화법) | | | 245 |
> | 5 | ★ <조심히>에 대해 3가지를 재질문합니다. | | | 278 |
> | | ↳댓글 조심히 (사전) | | | 278 |
> | 4 | ★ 부름토 <-아/아>낱말해석과 문장형식 구분에 대... | | | 72 |
> | | ↳댓글 의견 (기타) | | | 72 |
> | 3 | ★ <조심히>에 대해 2가지를 질문합니다.-추가 질문... | | | 94 |
> | | ↳댓글 조심히 (사전) | | | 94 |
> | 2 | 문의드립니다. | | | 22 |
> | | ↳댓글 -십시오 (맞춤법) | | | 22 |
> | 1 | '어서오십시오'를 허용하나요? | | | 300 |
> | | ↳댓글 어서 오십시오 (맞춤법) | | | 300 |
>
> 《 처음 <이전 **1** 2 3 다음 > 끝》
>
> [글쓰기]

이곳에서는 궁금한 것을 묻기도 하고 답변을 읽을 수도 있어요. 그동안 다른 사람들이 주고받은 질문과 답변도 검색할 수 있고요. 화면 윗부분에 있는 검색 칸에서 '질문 제목'이나 '질문 내용'을 선택한 뒤 '가십시오'나 '가십시요'를 넣고 검색해 보세요. 그러면 '가십시오/가십시요'와 관련된 질문이 나올 거예요. 그중 하나를 선택하여 질문과 답변을 보면 궁금한 점을 바로 해결할 수 있답니다.

▶ **자주 나오는 질문**   첫화면 > 질의응답 > 자주 나오는 질문

궁금하신 단어를 검색창에 입력하시면 입력한 단어에 대한 모든 자료를 찾아볼 수 있습니다.
누리집 이용에 관련된 내용은 **누리집 이용 안내** 를 이용해 주세요

제목 ▼ [   ] 찾기 옛 한글 사용

번호	제목	첨부	조회
13	'며칠'과 '몇일' 중 어느 것이 맞습니까?		18904
12	'아니에요'와 '아니예요' 중 어느 것이 맞습니까?		17530
11	'한 살배기/살박이' 중 어느 것이 맞습니까?		12035
10	'밥을 안/않 먹었다' 중 어느 것이 맞습니까?		12102
9	'로서'와 '로써'의 차이		15047
8	'친구 집에 들려서/들러서'에서 어느 것이 맞습니까?		11250
7	'고마워요'와 '고마와요' 중 어느 것이 맞습니까?		13317
6	'있음'과 '있슴' 중 어느 것이 맞습니까?		16216
5	'곤색'이 잘못된 말입니까?		13362
4	'끼어들기'와 '끼여들기' 중 맞는 표기는?		14960

《처음 〈 이전 41 42 43 44 45 46 다음 〉 끝》

'온라인 국어생활종합상담(온라인 가나다)'에 자주 들어오는 질문 300여 개를 '자주 나오는 질문' 게시판에 정리해 놓았어요. '자주 나오는 질문'에는 '-로서'와 '-로써'의 차이, '들려서'와 '들러서' 중 어느 것이 맞는지, '있음'과 '있슴' 중 어느 것이 맞는지는 물론 인사법이나 높임 표현 등 언어 예절까지 질문과 답변이 다양하게 올라와 있습니다.

더 알아보기 2

디지털 한글박물관 (www.hangeulmuseum.org)

국립국어원에서는 한글의 우수성을 널리 알리려 한글 자료가 가득한 '디지털 한글박물관'을 운영하고 있어요. 디지털 한글박물관에서는 우리의 문화유산인 한글과 관련된 자료에 전문가들이 해설을 붙여 전시하는데요. 한글의 탄생과 역사, 아름다운 한글, 한글과 교육, 한글의 진화와 미래, 학술 정보관 등으로 이루어져 있답니다.

한글의 탄생과 역사에서는 한글(훈민정음)의 창제 원리와 발전 과정을 상세히 볼 수 있어요. 세종대왕이 훈민정음을 만들기 전에 우리 조상들은 어떻게 생긴 글자로 글을 썼는지 알 수 있고, 여러 나라에서 쓰는 다양한 문자의 역사도 공부할 수 있습니다.

아름다운 한글에는 한글의 글자 모양과 관련된 정보가 있어요. 한글의 글자 모양이 처음 만들 때와는 어떻게 다르게 변했는지 배울 수 있어요. 그리고 컴퓨터에서 한글을 쓸 때 다양한 글자 모양을 어떻게 개발하였는지는 물론 앞으로는 어떻게 변할지도 알 수 있어요.

생활 속 한글에서는 생활을 주제로 하여 한글로 쓰인 역사적인 책들이 전시되어 있어요. 이런 책을 살펴보면서 우리 역사도 공부하고 한글의 역사도 함께 알 수 있습니다.

한글과 교육에서는 한글을 바르게 배우고 익히도록 여러 자료를 제공해요. 어문 규범, 국어 교육과 관련된 자료가 많지요.

한글의 진화와 미래에서는 한글이 미래에 어떻게 사용될지 생각해 볼 수 있어요. 한글을 얼마나 많은 사람이 사용하는지, 어떻게 세계에 알릴지, 남북한의 언어가 어떻게 다르고 같은지도 알 수 있어요.

학술 정보관에서는 한글과 관련된 옛날 책들이 정리되어 있어요. 옛날에 한글로 쓰인 책들을 찾아보고 설명도 읽으면서 한글에 대해 더 자세히 알 수 있답니다.

디지털 한글박물관에서는 우리말 게임도 준비했어요. 먼저 디지털 한글박물관 누리집에 들어가서 우리말 게임을 선택합니다.

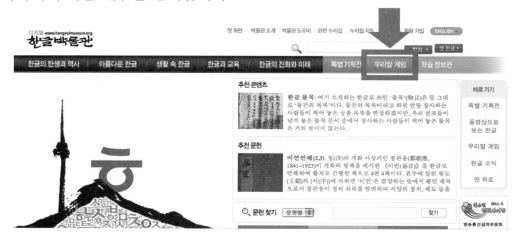

우리말 게임에 들어가면 '한글 수비대, 한글 퀴즈, 바쁘다 바빠' 세 가지 게임을 할 수 있어요. 우리말 게임을 신나게 즐기다 보면 시나브로 우리말 실력이 훨씬 좋아질 거예요. 우리가 좋아하는 게임도 하고 공부도 하니 이것이야말로 꿩 먹고 알 먹기네요.

하지만 게임을 너무 오래하면 몸과 마음에 좋지 않다는 사실은 모두 알고 있죠? 적당히 하는 것이 좋아요.

이 정도면 저도 이제 맞춤법에 대해 걱정하지 않아도 되겠죠? 특히 맞춤법 잘 모른다고 떡볶이도 같이 먹지 않겠다고 한 은영이에게 문자를 다시 보낼 거예요.

"은영아, 국어사전 제대로 활용하는 법 가르쳐 줄 테니 우리 떡볶이 집에서 당장 만나자."

바르게 쓰기(1)

세상에는 지켜야 하는 규칙이 너무 많아요. 학교에서는 결석이나 지각하지 않기, 복도에서 뛰지 않기, 선생님께 인사 잘하기, 수업 시간에 딴짓하지 않기 등을 지켜야 해요. 길을 갈 때는 오른쪽으로 다녀야 하고 에스컬레이터는 두 줄로 타야 하고요. 그런데 오늘 새로운 사실을 알았습니다. 선생님께서 말씀하셨지요. "글자를 적을 때는 규칙에 따라야 한다. 그게 바로 '한글 맞춤법'이란다." 이제 글을 쓸 때도 규칙을 지켜야 하다니, 너무 어렵지는 않을까요? 어떻게 하면 한글 맞춤법을 제대로 알고 지킬 수 있을까요?

월 □ 일 □ 요일

① 한글 맞춤법과 맞춤법 오류

우리는 앞에서 상대방에게 뜻을 정확하게 전달하려면 맞춤법과 띄어쓰기를 지켜서 써야 한다고 배웠어요. 그런데 어떻게 해야 맞춤법과 띄어쓰기를 잘 지켜서 쓸 수 있을까요? 방법은 하나입니다. 자주 보고 연습하면 됩니다. 이번 시간에는 맞춤법과 띄어쓰기를 함께 연습해 볼 거예요.

한글 맞춤법

맞춤법과 띄어쓰기의 원리는 '한글 맞춤법'에 나와 있어요. 아래에 있는 한글 맞춤법을 소리 내어 읽어 보세요.

> 한글 맞춤법은 우리글을 바르게 사용하기 위해 만든 어문 규정입니다.

'한글 맞춤법'은 글자를 적는 방법을 정한 거예요. 따라서 우리 글자를 정확하게 적으려면 '한글 맞춤법'을 공부해야 하지요. 먼저 '한글 맞춤법'에서 글자를 적는 방법을 어떻게 정했는지 큰 원칙을 살펴보겠습니다.

> 한글 맞춤법은 표준어를 소리대로 적되, 어법에 맞도록 함을 원칙으로 한다.

이 원칙에는 우리가 알아두어야 할 중요한 내용이 세 가지 들어 있어요.

첫째 한글 맞춤법은 표준어를 적는 방법이에요. 우리나라에서는 서울말을 표준어로 정하여 공통으로 쓰고 있어요. 한글 맞춤법은 바로 이 표준어를 적는 방법입니다.

둘째 글자를 소리대로 적어요. '[이불]'이라고 소리 나니까 '이불'로 적고 '[구름]'이라고 소리 나니까 '구름'으로 적어요. 그러나 모든 글자를 소리대로 적지는 않아요.

셋째 글자를 어법에 맞게 적어요. '[손까락]'이라고 소리 나더라도 '손'과 '가락'이 만났으니 '손가락'으로 적습니다. '[어름]'이라고 소리 나더라도 '얼다'에서 나온 '얼-'과 '-음'이 만났으니 '얼음'으로 적고요. 원래의 말대로 적어야 뜻을 알기 쉽기 때문이에요. 어법에 맞도록 적는 이유를 좀 더 알아봅시다.

잠깐! 표준어의 뜻을 아나요?

표준어는 '교양 있는 사람들이 두루 쓰는 현대 서울말'이에요. 온 국민이 의사 소통을 잘할 수 있도록 표준어를 정했으니 표준어를 잘 익혀서 낱말을 바로 써야겠습니다.

맞춤법을 지키는 일

사람들이 맞춤법을 잘 지켜 쓰는 것 같지만 틀릴 때가 많아요. 실제로 우리 주변에서 맞춤법이 잘못된 예를 많이 볼 수 있습니다.

🌸 '설레다'를 이용해서 만든 단어인 '설레임'은 틀린 낱말입니다.

🌸 '설레- + -ㅁ = 설렘'이기 때문입니다.

아이스크림은 더운 여름에 자주 먹지요. '설레임'도 여름에 먹는 시원한 아이스크림 가운데 하나예요. 그런데 이름이 틀렸습니다. '설레임'이 아니라 '설렘'으로 써야 맞아요.

이번에는 여러분이 직접 틀린 낱말을 고칠 거예요. 아래 문장을 읽고 틀린 부분을 바르게 고쳐 봅시다.

한글 맞춤법 연습

1. 떡볶이 가개에서 튀김을 사 먹었다.

 _____

2. 약을 먹어서 그런지 금새 병이 다 낳았다.

 _____

3. 오늘따라 왠지 된장찌게가 짠 것 같았다.

 _____

4. 명수는 어의 없이 몇 일 동안이나 연락을 않 했다.

 _____

틀린 부분을 맞게 고쳐 보았나요? 쉽지 않았지요? 하지만 실망할 필요는 없어요. 맞춤법은 사전에서 자주 확인하고 고쳐 보아야 실력이 늘어요. 맞춤법에 대해 더 공부해 봅시다.

❷ 꼭 알아야 할 맞춤법 몇 가지

맞춤법을 틀리지 않는 가장 좋은 방법은 국어사전에 있는 낱말을 모두 외우는 거예요. 하지만 국어사전을 통째로 외우기는 무척 어렵지요. 그럼 어떻게 해야 할까요? 자주 틀리는 낱말부터 공부하면 됩니다. 우리 함께 자주 틀리는 낱말과 꼭 알아야 할 맞춤법에 대해 공부해요.

꼭 알아야 할 맞춤법 1

① '웃어른'과 '윗옷'

발음할 때 'ㄷ'으로 소리 나더라도 받침에서는 'ㅅ'으로 적어요. '아래, 위'가 분명히 구분되는 말은 '윗-'으로 적고, '아래, 위'가 구분되지 않는 말은 '웃-'으로 적습니다. '어른'은 '아래, 위'로 나눌 수 없으니 '웃어른'으로 쓰고, '옷'은 '아래, 위'로 나눌 수 있으니 '윗옷'으로 적지요. 참고로 '웃옷'은 코트나 점퍼처럼 겉에 입는 옷을 뜻합니다.

② '계시다'와 '휴게실'

'ㅖ'는 대부분 '[ㅔ]'로 소리 나요. 그러다 보니 '계시다'를 '게시다'처럼 소리 나는 대로 적기도 합니다. 그렇지만 'ㅖ'가 '[ㅔ]'로 소리 나더라도 'ㅖ'로 적어야 해요.
그러나 '휴게실'은 'ㅖ'가 아니라 'ㅔ'로 적어야 합니다. '휴게실'은 한자로 '休憩室'로 쓰는데 이때 한자 '憩'의 소리가 '게'이기 때문이에요.

③ '쏙쏙'과 '갑갑하다'

한 낱말 안에 같은 소리가 겹쳐 나는 부분이 있으면 그 부분은 같은 글자로 적어요. 그러면 뜻을 더 잘 이해할 수 있지요. '쏙속'이나 '갑깝하다'로 적으면 뜻이 살지 않습니다.

④ '들어가다'와 '드러나다'

'들어가다'는 '들다'와 '가다'가 만난 말입니다. 뜻도 '밖에서 안으로 가다.'로 두 뜻이 그대로입니다. 뜻이 그대로인 두 말이 만났을 때는 원래 모양대로 적어야 뜻을 알기 쉬워요.

'드러나다'는 '들다'와 '나다'가 만난 말처럼 보이지만 뜻이 달라요. '드러나다'는 '가려 있거나 보이지 않던 것이 보이게 되다.'나 '알려지지 않은 사실이 널리 밝혀지다.'를 뜻합니다. 두 말이 만나 뜻이 달라지면 원래 모양을 밝히지 않고 소리 나는 대로 적습니다.

⑤ '설명하시오'와 '먹어요'

'설명하시오'의 뒤에 붙은 '-오'는 [요]로 소리 납니다. 그러나 '하오', '가오' 처럼 문장을 끝낼 때 붙여 쓰는 말인 '-오'와 뜻이 같아요. 뜻이 같은 말을 '-요'와 '-오'로 다르게 적으면 헷갈릴 수 있어서 원래 모양대로 '-오'로 적어요.

'-요'도 여러 말의 뒤에 붙을 수 있어요. '-요'가 붙으면 높이는 말이 됩니다. '먹어요', '가요', '읽어요' 등에는 모두 '-요'가 붙었습니다.

⑥ '알아서'와 '먹어서'

앞에 'ㅏ'나 'ㅗ'가 있으면 뒤에 '-아(서)'로 적어요. 그래서 '알아서'나 '받아서'로 적지요. 하지만 앞에 'ㅏ'나 'ㅗ' 말고 다른 것이 있으면 '-어(서)'를 씁니다. '먹어서', '숨어서' 등이 그렇지요.

⑦ '얼음'과 '많이'

'얼음'은 '얼다'가 변한 말이에요. 원래 모양인 '얼-'에 '-음'을 덧붙여 '얼음'으로 씁니다. '많이'도 마찬가지예요. 원래 모양인 '많-'에 '-이'를 덧붙였으니 '많이'로 써야 합니다.

⑧ '옮기다'와 '덮치다'

'옮기다'는 '옮다'의 가운데에 '-기-'를 덧붙여 쓴 말이에요. 뜻은 '어떤 곳에서 다른 곳으로 움직여 자리를 바꾸게 하다.'여서 '옮다'와 관련이 있습니다. 그래서 원래 모양대로 쓰지요.

'덮치다'는 '덮다'의 가운데에 '-치-'를 덧붙인 말이에요. '좋지 않은 일이 한꺼번에 닥쳐오다.'나 '들이닥쳐 위에서 내리누르다.'의 뜻으로 쓰입니다. '덮다'에 뜻을 강조하는 '-치-'를 덧붙였으므로 원래 모양대로 씁니다.

⑨ '깨끗이'와 '꾸준히'

'깨끗이'는 '깨끗하다'가 변한 말이고 '꾸준히'는 '꾸준하다'가 변한 말이에요. 이와 같이 '-하다'가 붙는 말이 변할 때 소리에 따라 '-이'나 '-히'를 붙여서 씁니다. '깨끗이'는 [깨끄시]로 소리 나므로 '깨끗이'로 적어요. '꾸준히'는 [꾸준히]로 소리 나므로 원래 모양대로 '꾸준히'로 적습니다.

⑩ '며칠'과 '몇 일(?)'

'며칠'은 '그 달의 몇째 되는 날'이나 '몇 날'을 뜻하는 말입니다. 흔히 '몇 월 몇 일이니?'처럼 쓰는데 잘못 쓴 거예요. '오늘이 며칠이지?'나 '친구가 며칠 동안 말이 없었다.'처럼 '며칠'로 씁니다.

⑪ '이튿날'과 '숟가락'

끝소리가 'ㄹ'인 말이 다른 말과 어울릴 때 'ㄹ' 소리가 'ㄷ' 소리로 나면 'ㄷ'으로 적어요. '이튿날'은 끝소리가 'ㄹ'인 '이틀'이 '날'과 어울리면서 'ㄹ' 소리가 'ㄷ' 소리로 납니다. '숟가락'도 끝소리가 'ㄹ'인 '술'이 '가락'과 어울리면서 'ㄹ' 소리가 'ㄷ' 소리로 납니다.

⑫ '돼라'와 '되고'

'돼라'와 '되고'는 모두 '되다'가 변한 말이에요. '돼라'는 '되-'에 '-어라'가 붙은 '되어라'가 줄어든 말입니다. '착한 사람이 돼라.'는 '착한 사람이 되어라.'를 줄인 거예요. '되고'는 '되-'에 '-고'가 붙은 말입니다. '착한 사람이 되고 싶다.'처럼 쓰지요.

⑬ '-든지'와 '-던지'

'-든지'는 어떤 것을 '선택'할 때 쓰는 말이에요. '김치를 먹든지 나물을 먹든지'처럼 선택의 뜻을 나타낼 때 씁니다. '-던지'는 '과거'의 일을 다시 말할 때 씁니다. '공부를 얼마나 열심히 하던지 보기만 해도 흐뭇했다.'와 같이 쓰지요.

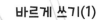

꼭 알아야 할 맞춤법을 모두 꼼꼼히 읽어 보았나요? 그럼 얼마나 잘 읽었는지 알아볼 거예요. 아래 낱말들을 보고 맞춤법이 틀렸으면 X, 맞았으면 O를 하세요.

꼭 알아야 할 맞춤법 연습 1

1	웃어른		윗어른	
2	윗옷		웃옷	
3	들어나다		드러나다	
4	만이		많이	
5	깨끗이		깨끗히	
6	며칠		몇 일	
7	이틋날		이튿날	

🌸 등급표

7개: 달인	5~6개: 고수	3~4개: 중수	1~2개: 하수	0개: 노력

어떤 것이 맞춤법에 맞고 틀렸는지 구분하여 맞혔나요? 여러분의 등급은 무엇인가요?
친구들은 어떻게 풀었고, 어떤 낱말을 틀렸는지 비교해 보세요.
자, 그럼 다시 꼭 알아야 할 맞춤법을 볼까요?

꼭 알아야 할 맞춤법 2

⑭ '맞추다'와 '맞히다'

'맞추다'는 '대상끼리 서로 비교한다.'는 뜻이에요. '답안지를 정답과 맞추다.'와 같이 씁니다. '맞히다'는 '맞다'에 '-히-'를 붙인 말로, '문제에 대한 답이 틀리지 않게 하다.'는 뜻이에요. '적중하다'는 뜻이어서 '정답을 맞히다.'나 '공 따위로 무엇을 겨누어 맞히다.'처럼 씁니다.

⑮ '반드시'와 '반듯이'

'반드시'는 '틀림없이 꼭'을 뜻해요. '언행은 반드시 일치해야 한다.'와 같이 쓰지요. '반듯이'는 '반듯하다'에 '-이'가 덧붙은 말로, '굽지 아니하고 바르게'를 뜻해요. '물건을 반듯이 정리했다.'처럼 씁니다.

⑯ '가르치다'와 '가리키다'

'가르치다'는 '깨닫게 하거나 익히게 하다.'를 뜻하고, '가리키다'는 '어떤 방향이나 대상을 집어서 보이거나 말하거나 알리다.'를 뜻해요. 그러므로 '아버지가 형에게 운전을 가리켰다.'고 쓰면 맞지 않아요. 이때는 '익히게 하다'는 뜻이므로 '아버지가 형에게 운전을 가르쳤다.'로 써야 합니다. '시곗바늘이 네 시를 가르치고 있었다.'로 쓰는 것도 잘못이에요. '방향을 보였'으므로 '시곗바늘이 네 시를 가리키고 있었다.'로 써야 합니다.

⑰ '어떻게'와 '어떡해'

'어떻게'는 '어떻다'에 '-게'가 붙은 말로 '이 문제를 어떻게 풀지?'처럼 씁니다. '어떡해'는 '어떻게 해'가 줄어든 말이에요. '이렇게 하면 어떡해?'나 '어떡하다 보니 그렇게 되었어.'처럼 씁니다.

⑱ '부딪히다'와 '부딪치다'

'부딪히다'는 '부딪다'에 '당하다'는 뜻의 '-히-'가 덧붙은 말로 '부딪음을 당하다.'는 뜻이에요. '자전거가 자동차에 부딪혔다.'처럼 쓰지요. '부딪치다'는 '부딪

37

다'에 뜻을 강조하는 '-치-'가 덧붙은 말로 '힘차게 부딪다.'는 뜻입니다. 따라서 '부딪치다'는 '마주'와 같이 써서 '차와 차가 마주 부딪쳤다.'고 할 수 있지만 '부딪히다'는 '마주'와 같이 쓰면 뜻이 자연스럽지 않습니다.

⑲ '다르다'와 '틀리다'

'다르다'는 '같지 않다.'는 뜻이며 '틀리다'는 '올바르지 않다.'는 뜻이에요. 따라서 "걔는 나랑 틀려요."처럼 쓰면 맞지 않아요. 둘을 비교하였으므로 '같지 않다.'는 뜻인 '다르다'를 써서 "걔는 나랑 달라요."라고 해야 하지요. '아버지와 나는 얼굴이 틀리다.'로 써도 맞지 않아요. 아버지와 나를 비교하였으므로 '아버지와 나는 얼굴이 다르다.'로 써야 합니다.

⑳ '안'과 '못'

'안'과 '못'은 모두 부정을 뜻하는 말이에요. 그런데 '나는 숙제를 안 했다.'와 '나는 숙제를 못 했다.'는 뜻이 달라요. '안'에는 말하는 사람의 '의지'가 포함되어서 '숙제를 하고 싶지 않아서 안 했다.'는 뜻이 됩니다. '못'은 '할 수 없다거나 그렇게 되지 않았음.'을 뜻하므로 '숙제를 할 수 없었다.'는 뜻이 됩니다. 오해가 생기지 않도록 상황에 따라 둘을 구별하여 써야 합니다.

㉑ '-대'와 '-데'

'-대'는 '들은 말'을 전달할 때 씁니다. '-다고 해'가 줄어든 말로 '사람이 아주 똑똑하대.'와 같이 다른 사람이 한 말을 전달할 때 쓰지요. '-데'는 '직접 경험한 사실'을 이야기할 때 씁니다. '말을 아주 잘하데.'처럼 자신이 경험한 사실을 이야기할 때 써요.

㉒ '예쁘다'와 '자르다'

'예쁘다'를 '이쁘다'로 쓰는 사람들이 많은데 '예쁘다'가 표준어예요. 발음이 비슷한 말이 몇 개가 쓰일 때 뜻에 차이가 없고 하나가 더 많이 쓰이면 그 말만 표준어로 정했습니다. 그래서 '예쁘다'만 표준어예요. '자르다'도 마찬가지입니다. '짜르다'라고 하는 사람들이 있는데 '자르다'만 표준어입니다.

㉓ '왠지'와 '떡볶이'

'왜인지' 또는 '왜 그러한지'가 줄어든 말은 '왠지'로 적어요. '웬지'는 표준어가 아니에요. '떡'과 '볶다'가 변한 말인 '볶이'가 합쳐진 말은 '떡볶이'로 적습니다. '떡볶기'는 표준어가 아닙니다.

㉔ '아기'와 '아지랑이'

'아기'를 '애기'로 말하는 사람들이 많은데 '아기'만 표준어예요. '아지랑이'도 마찬가지입니다. '아지랭이'는 표준어가 아니에요.

㉕ '책이에요'와 '저예요'

'책이에요'는 '책'에 '-이에요'가 붙은 말입니다. 앞말에 받침이 있을 때는 '-이에요'를 써서 '사탕이에요.'나 '공책이에요.'처럼 쓰지요. 그러나 앞말에 받침이 없을 때는 '-이에요'가 '-예요'로 줄어들어요. 그래서 '저예요.'나 '노래예요.'와 같이 씁니다.

모두 꼼꼼하게 읽어 보았나요? 그럼 정확히 이해했는지 확인해 봅시다. 아래 문장을 읽고 틀린 부분만 올바르게 고쳐서 빈 칸에 써 보세요.

꼭 알아야 할 맞춤법 연습 2

예시	준희는 맞춤법 정답을 맞췄다.	맞췄다. → 맞혔다.
1	맞춤법은 반듯이 지켜야 한다.	
2	수지는 산 너머를 가르쳤다.	
3	이렇게 하면 어떻게?	
4	오렌지랑 귤은 서로 틀리지.	
5	형태는 말을 아주 잘한데.	
6	지후는 손도 이뻐.	
7	오늘은 웬지 떡볶기가 먹고 싶어.	

🌟 등급표

| 7개 : 달인 | 5~6개 : 고수 | 3~4개 : 중수 | 1~2개 : 하수 | 0개 : 노력 |

틀린 부분을 올바르게 고쳐 보았나요? 친구들은 어떻게 풀었고, 어떤 부분을 많이 틀 렸는지 비교해 보세요.

❸ 문장을 생생하게 살리는 문장 부호

말로 할 때는 구분되는 것이 글로 쓸 때는 구분되지 않는 것들이 있어요. 아래의 예를 함께 살펴봅시다.

민석이는 학교에 가

민석이는 학교에 가

위의 두 문장의 서로 의미가 달라요. 첫 번째는 물어보는 문장이고, 두 번째는 대답하는 말이에요. 그런데 글자로 쓰니까 구분되지 않네요. 이때 '문장 부호'를 사용하면 구분됩니다.

민석이는 학교에 가?

민석이는 학교에 가.

위의 문장은 끝에 문장 부호만 붙였을 뿐인데 뜻이 달라졌어요. 이렇듯 문장 부호를 쓰면 뜻이 명확해지고 문장이 더 생생해집니다.

문장 부호에는 다음과 같은 것들이 있어요. 어떤 기능을 하는지 친구들과 함께 소리 내어 읽어 보세요.

이름	표시	사용
온점	.	문장을 마칠 때
물음표	?	궁금하거나 의심될 때
느낌표	!	놀라거나 감탄할 때
쉼표	,	문장에서 짧게 쉴 때
큰따옴표	" "	직접 한 말을 쓸 때
작은따옴표	' '	마음속으로 한 말을 쓸 때

모두 문장 부호에 대해 살펴보았나요? 그럼 실제로 문장 부호를 넣어 보세요. 아래에 제시한 문장 부호를 넣어 짧은 문장을 만들어 봅시다.

문장 부호를 이용하여 글쓰기

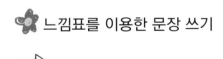 느낌표를 이용한 문장 쓰기

⇨ _____

 물음표를 이용한 문장 쓰기

⇨ _____

모두 만들었나요? 그럼 어떤 문장을 만들었는지 친구들 앞에서 발표해 보세요. 재미있는 문장을 만든 친구가 있다면 칭찬해 줍시다.

❹ 수를 세는 낱말과 띄어쓰기

우리말에는 수를 세는 낱말이 따로 있어요. 그런데 수를 세는 낱말은 무엇을 또는 누구를 세느냐에 따라 다르게 쓰입니다.

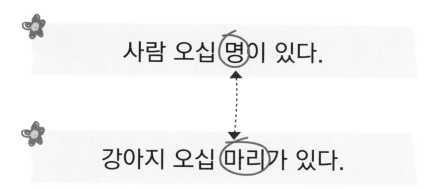

사람 오십 ⦅명⦆이 있다.

강아지 오십 ⦅마리⦆가 있다.

위의 두 문장을 보면 사람과 강아지의 수는 똑같이 50이지만 '명'과 '마리'라는 다른 낱말을 사용했어요. 이처럼 수를 셀 때는 각각 그에 맞는 낱말을 써야 합니다.

아래에는 수를 세는 어떤 말을 넣어야 할지 여러분이 써 보세요. 조금 어렵다면 친구들이나 선생님의 도움을 받아도 좋아요.

낱말	쓰이는 곳	예시
	책을 셀 때	도서관에서 책 한 ( )을 빌렸다.
	나무를 셀 때	나무 두 ( )가 있다.
	어떤 장소를 빙 돈 횟수	운동장 한 ( )를 돌았다.
	옷을 셀 때	어제 옷 한 ( )을 샀다.
	차나 커피 같은 음료를 따라 마시는 데 쓰는 작은 그릇	음료수 두 ( )을 마셨다.
	꽃을 셀 때	꽃집에서 장미 두 ( )를 샀다.
	집을 셀 때	이 마을에는 오두막 다섯 ( )가 있다.
	배를 셀 때	항구에 통통배 두 ( )이 있다.
	신, 양말 등을 셀 때	신 두 ( )를 팔았다.
	책, 영화 등을 셀 때	영화 두 ( )을 연속으로 봤다.

43

수를 세는 말에는 또 다른 특징이 있어요. 바로 띄어쓰기입니다. 숫자를 한글로 쓸 때는 숫자와 수를 세는 낱말을 띄어 쓰지만 아라비아 숫자로 쓸 때는 서로 붙여 씁니다.

> ## 은영이는 십 년을 기다렸다.
>
> ## 은영이는 10년을 기다렸다.

위의 두 문장은 뜻이 같아요. 그런데 밑줄 친 '십 년을'과 '10년을'의 띄어쓰기는 다릅니다. 숫자를 한글로 쓸 때는 띄어 썼지만 아라비아 숫자로 쓸 때는 붙여 썼어요.

그럼 아래의 밑줄 친 부분에 들어갈 말을 써 보세요. 띄어쓰기를 해야 하는 곳에는 '∨' 표시를 하세요.

수를 세는 낱말과 띄어쓰기

🌸 은영이는 사과 2_____를 샀다.

🌸 그 사막에는 30_____ 동안 비가 내리지 않았다.

🌸 한결이는 서점에서 책 두_____을 샀다.

🌸 어제 산 색연필은 총 열두_____색이다.

 **더 해 보기** ## 한글 자음의 이름은 무엇인가요?

우리가 처음 한글을 배울 때 먼저 무엇을 했나요? 아마도 "기역, 니은, 디귿, ……." 하며 글자를 큰 소리로 읽었을 거예요. 그런데 'ㄱ, ㄴ, ㄷ' 같은 자음의 이름이 무엇이었는지 정확히 기억나나요? 모두 기억난다면 'ㅊ'의 이름은 무엇인지 골라 보세요.

'ㅊ'의 이름은 무엇인가요?　　치읏　　치은　　치윽　　치읓　　치읔

[활동 1] 한글 자음의 이름은 아래와 같아요. 함께 자음의 이름을 읽어 보고 써 보세요.

· 한글 자음의 이름 ·

자음	이름	연습	자음	이름	연습	자음	이름	연습
ㄱ	기역		ㄴ	니은		ㄷ	디귿	
ㄹ	리을		ㅁ	미음		ㅂ	비읍	
ㅅ	시옷		ㅇ	이응		ㅈ	지읒	
ㅊ	치읓		ㅋ	키읔		ㅌ	티읕	
ㅍ	피읖		ㅎ	히읗				

[활동 2] 한글 자음의 이름을 맞히는 놀이를 해 보세요. 아래에 있는 자음 가운데 이름을 맞게 쓴 것을 고르세요.

'ㅍ'의 이름은 무엇인가요?　　피읖　　피읍　　피음　　피윽

'ㅌ'의 이름은 무엇인가요?　　티읍　　티윺　　티읕　　티윽

'ㅎ'의 이름은 무엇인가요?　　히윽　　히읕　　히응　　히읗

'ㄱ'의 이름은 무엇인가요?　　기읔　　기역　　기엮　　기읕

문장 부호의 바른 사용

1) 큰따옴표(" ")와 작은따옴표(' ')의 구분

큰따옴표(" ")는 실제 대화 내용이나 다른 사람들이 한 말을 옮겨 적을 때 사용합니다.

> [대화 내용] "전기가 없을 때는 책을 어떻게 보았을까?"
>
> [남의 말 옮겨 적기] "인생에서 가장 의미가 없던 날은 웃지 않았던 날이다."라는
> 말이 있다.

작은따옴표(' ')는 마음속으로 하는 말이나 문장에서 중요하다고 생각하는 부분을 강조할 때 사용합니다.

> [마음속으로 한 말] 은영은 '내가 음식을 만들었다고 하면 다들 놀라겠지.'라고 마
> 음속으로 생각했다.
>
> [중요한 부분 강조하기] 코끼리는 '코'가 매우 길다.

2) 줄임표는 가운뎃점 6개(……)

뒤에 오는 말을 하지 않거나 상대방의 말에 대답하지 않고 말을 줄일 때 줄임표를 사용합니다.

> [할 말을 줄였을 때] 한결 : "내일 함께 숙제하는 건 어때?"
> 은영 : "하지만 나는 ……."

가운뎃점 3개나 마침표 3개를 찍어 줄임표로 사용하는 경우가 있는데, 이것은 잘못된 것입니다. 줄임표로 쓸 때는 가운뎃점을 6개 찍어야 해요.

> [줄임표 사용의 예] "하지만 나는 ……." → 줄임표 바르게 사용
> "하지만 나는 …." → 줄임표 잘못 사용
> "하지만 나는 …" → 줄임표 잘못 사용

3) 쉼표의 사용

쉼표(,)는 짧은 쉼이나 나열 등을 나타낼 때 사용합니다.

> **[나열할 때]** 근면, 검소, 협동은 우리 겨레의 미덕이다.
> **[감탄하는 말 뒤에서]** 아, 깜빡 잊었구나.

아래와 같이 쉼표를 잘못 사용하는 예가 많아요.

> **[쉼표 잘못 사용]** 그러나, 강아지는 고양이를 싫어하지 않았습니다.

위에서 제시한 예처럼 쉼표는 '그러나, 그러므로, 그리고, 그런데' 등과 같은 말 뒤에서는 사용하지 않아요.

4) 물결표의 사용

물결표(~)는 아래의 '[물결표를 바르게 사용한 예]'와 같이 보통 어떤 기간 사이를 나타낼 때 사용합니다. '[물결표를 잘못 사용한 예]'에서처럼 문장의 끝에는 사용하면 안 됩니다.

> **[물결표를 바르게 사용한 예]** 6월 6일 ~ 9월 12일
> **[물결표를 잘못 사용한 예]** 어제는 짜장면을 먹었어요~

더 알아보기 2

한글 더 깊이 알기

우리는 매일 한글을 쓰며 살아요. 그런데 '한글'이 무슨 뜻인지 알고 있나요? '훈민정음'과는 어떻게 다를까요? 다음 글을 읽고 '한글'과 '훈민정음'에 대해 더 알아보세요.

 훈민정음의 탄생과 뜻

우리가 지금 쓰는 한글은 1443년(세종 25년) 음력 12월 세종대왕께서 만드셨어요. 한글이 처음 만들어졌을 때는 '훈민정음(訓民正音)'이라고 했어요. 훈민정음은 '백성을 가르치는 바른 소리'라는 뜻입니다. 세종대왕은 백성 누구나가 쉽게 쓸 수 있도록 백성을 사랑하는 마음으로 우리 글자를 만드셨습니다.

 훈민정음과 한글

우리글은 '훈민정음'이라고도 하고 '한글'이라고도 하는데 지금은 '한글'이라고 많이 써요. 우리글의 이름은 원래 '훈민정음'이지만 일부 사람들이 '언문, 언서, 상말글'처럼 좋지 않은 이름으로 불렀어요. 그래서 주시경 선생님이 '크고 바르며 세상에 둘도 없는 글, 대한의 글'이라는 뜻의 '한글'이라는 새 이름을 만들어 1910년 무렵부터 사용하고 있습니다.

셋째 마당

바르게 쓰기(2)

텔레비전을 보는데 카메라가 외국어로 된 간판이 많은 거리를 비췄어요. 그때 저는 다른 나라의 거리를 보여 주는 줄 알았어요. 그런데 그곳이 우리나라에서도 가장 복잡하고 사람이 많이 다니는 곳이라고 했어요. 우리나라에 있는 거리이고 우리나라 사람들이 많이 다니는 곳인데 왜 간판을 외국어로 써서 걸어 놓았는지 이상했어요. '혹시 외국 사람들이 이용하는 가게인가?' 했지만 그런 것 같지는 않았거든요. 그런데 가만히 생각해 보니 간판뿐 아니라 텔레비전 프로그램 제목이나 제가 입고 있는 옷에도 외국어가 들어 있었어요. 우리말 공부하기도 어려운데 우리 주변 에는 외국어로 된 것이 왜 이렇게 많을까요?

월 □ 일 □ 요일

① 우리가 자주 쓰는 외래어

텔레비전에서는 재미있는 프로그램을 많이 보여 줍니다. 여러분이 좋아하는 텔레비전 프로그램 이름을 10개 써 보세요.

🌸 텔레비전 프로그램 쓰기

	[ ]		[ ]
	[ ]		[ ]
	[ ]		[ ]
	[ ]		[ ]
	[ ]		[ ]

이번에는 여러분이 좋아하는 음식 10가지를 쓰세요.

🌸 좋아하는 음식 쓰기

	[ ]		[ ]
	[ ]		[ ]
	[ ]		[ ]
	[ ]		[ ]
	[ ]		[ ]

좋아하는 텔레비전 프로그램과 음식을 10개씩 썼나요? 그중에 우리말이 아닌 것이 있나요? [ ] 안에 우리말인 것에는 ○를, 우리말이 아닌 것에는 △를 하세요. 모두 표시했다면 △와 ○의 수를 세어 아래에 써 보세요.

우리말과 외래어

△ = 　　　개

○ = 　　　개

우리말이 많은가요, 외래어가 많은가요? 여러분의 느낌을 아래에 간단히 쓰세요.

우리말과 외래어

_____

_____

_____

_____

 돋보기 상자

☆ 외래어란 무엇일까요?

외래어는 원래 외국에서 쓰이는 말을 들여와 우리말처럼 쓰는 낱말이에요.
우리가 흔히 보는 '버스, 컴퓨터, 피아노' 따위는 모두 외래어입니다.

2 외래어와 외래어 표기법

우리가 지금까지 함께 살펴본 외래어에는 무엇이 있을까요? 아래에 있는 외래어의 뜻을 함께 소리 내어 읽어 봅시다.

> 외국에서 빌려 온 말로 국어처럼 쓰이는 말. 예 버스, 텔레비전, 사인펜

외래어는 듣는 사람에 따라 발음이 조금씩 다를 수 있어요. 'Robot'을 함께 살펴볼게요.

 로보트?   로봇?   롸벗?

'Robot'은 우리말로 어떻게 써야 할까요? 선생님의 발음을 듣고 써 봅시다.

[질문] 'Robot'을 우리말로 어떻게 써야 할까요?

> Robot

모두 썼나요? 그럼 다른 친구들은 어떻게 썼는지 비교해 보세요. 서로 다르다면 왜 다른지 친구들과 이야기해 봅시다.

[질문] 왜 서로 다르게 썼을까요?

외래어는 사람마다 다르게 들을 수 있어요. 그래서 쓰는 것도 다를 수 있지요. 하지만 사람마다 외래어를 다르게 쓰면 뜻이 잘 통하지 않겠지요. 그래서 외래어를 어떻게 쓸지 약속해 놓았습니다. 우리는 그것을 '외래어 표기법'이라고 하지요. 아래에 있는 외래어 표기법의 뜻을 함께 소리 내어 읽어 봅시다.

> 외래어를 어떻게 적을지 정해 놓은 약속을 외래어 표기법이라고 합니다.

외래어 바르게 쓰기

다음 외래어는 모두 잘못 썼어요. 여러분이 국어사전을 참고하여 올바르게 고쳐 보세요.

외래어 바르게 고치기 1

돈까스	⇨	
땐스	⇨	
뽀너스	⇨	
써비스	⇨	
모짜르트	⇨	

모두 고쳤나요? 위에서 고친 외래어들은 공통점이 있습니다. 무엇일까요?

[질문] 무엇이 똑같을까요?

_____

_____

공통점을 찾았나요? 위에서 살펴본 외래어는 모두 'ㄲ, ㄸ, ㅃ, ㅆ, ㅉ' 같은 소리를 잘못 썼어요. 외래어는 아주 특별한 경우가 아니면 'ㄲ, ㄸ, ㅃ, ㅆ, ㅉ' 등으로 쓰지 않아요. 아래의 내용을 함께 소리 내어 읽어 봅시다.

> 외래어를 적을 때는 특별한 경우가 아니면 'ㄲ, ㄸ, ㅃ, ㅆ, ㅉ'을 쓰지 않아요.
> 그 대신에 'ㄱ, ㄷ, ㅂ, ㅅ, ㅈ'과 'ㅋ, ㅌ, ㅍ, ㅊ'으로 적습니다.

다음 외래어도 모두 잘못 썼어요. 여러분이 국어사전을 참고하여 올바르게 고쳐 보세요.

외래어 바르게 고치기 2

케잌	⇨
테잎	⇨
로켙	⇨
굳모닝	⇨

모두 고쳤나요? 위에서 고친 외래어들은 공통점이 있습니다. 무엇일까요?

[질문] 무엇이 똑같을까요?

_____

_____

_____

공통점을 찾아보았나요? 위에서 살펴본 외래어는 모두 받침을 잘못 썼어요. 외래어의 받침에는 'ㄱ, ㄴ, ㄹ, ㅁ, ㅂ, ㅅ, ㅇ'만 씁니다. 아래의 내용을 함께 소리 내어 읽어 보세요.

> 외래어를 적을 때 받침으로는 'ㄱ, ㄴ, ㄹ, ㅁ, ㅂ, ㅅ, ㅇ'의 7개만 씁니다.

54

❸ 외래어 쓰기의 달인

꼭 알아야 할 외래어

외래어는 외래어 표기법에 맞게 써야 해요. 아래 외래어들을 살펴보면서 어떤 것이 맞는지 확인해 봅시다.

① 길이를 재는 '센티미터(centimeter)'

자로 길이를 잴 때 자주 쓰는 말은 무엇인가요? 네, '센티미터(○)'입니다.

○ 센티미터

✕ 센치미터

'센티미터(○)'를 '센치미터(✕)'라고 쓰면 안 돼요. 우리말에서는 'ㅌ'과 'ㅣ'가 만나면 '티' 대신에 '치'로 발음되는 경우가 있습니다. 그래서 '센티미터(○)'의 '티'를 '치'로 잘못 쓰기도 하지요. 이제 자로 길이를 잴 때는 '센티미터(○)'라고 합시다.

② 우리가 좋아하는 '게임(game)'

아래는 '디지털 한글박물관'에서 무료로 이용할 수 있는 '바쁘다 바빠 게임(○)'이에요. '개임(✕)'이나 '께임(✕)'으로 잘못 쓰기도 하니 조심해야 하지요. '게임'을 오래 하면 건강에 좋지 않으니 적당한 시간만 합시다.

○ 게임

✕ 개임/께임

③ 적당한 시간을 정해 두고 보는 '텔레비전(television)'

집으로 돌아와 쉬는 시간에 '텔레비전(○)'을 보는 친구들도 많지요. '텔레비전(○)'도 적당한 시간을 정해 두고 보아야 합니다.

○ 텔레비전

✕ 테레비/텔레비/
텔레비젼

'텔레비전(○)'은 '테레비(✕)', '텔레비(✕)', '텔레비젼(✕)'처럼 잘못 쓰는 일이 많아요. '테레비(✕)'나 '텔레비(✕)'는 '텔레비전(○)'을 줄여서 잘못 쓴 말이에요. '텔레비전(○)'을 줄여 쓸 때는 'TV'를 우리말로 적은 '티브이(○)'라고 합니다. 국어에서 '전'과 '젼'은 발음을 구별할 수 없어요. 그래서 '전'으로 쓰기가 더 쉬우므로 '텔레비젼(✕)'으로 쓰지 않고 '텔레비전(○)'으로 씁니다.

④ 우리 생활에 유용한 '테이프(tape)'

'테이프(○)'는 우리가 생활하는 데 참 많이 쓰여요.

○ 테이프

✕ 테잎/테입

'테이프(○)'를 '테잎(✕)'이나 '테입(✕)'으로 쓰는 사람들도 있어요. 하지만 '테잎(✕)'이나 '테입(✕)'은 잘못 쓴 거예요. '테이프(○)'로 써야 합니다.

⑤ 몸에 좋고 맛도 있는 '주스(juice)'

목이 마르면 시원한 물을 마시거나 맛있는 '주스(○)'를 마셔요.

○ 주스

✕ 쥬스

그런데 '주스(○)'를 '쥬스(✕)'라고 쓰는 사람들도 있어요. 국어에서 '주'와 '쥬'는 발음을 구별할 수 없어 간단히 '주'로만 씁니다. 앞으로는 맛있는 '주스(○)'를 마셨다고 쓰세요.

⑥ 제대로 쓰는 '사인펜(sign pen)'

'사인펜(○)'을 색깔마다 잘 사용하면 그림을 멋지고 예쁘게 그릴 수 있어요.

○ 사인펜

✕ 싸인펜

그런데 '사인펜(○)'을 '싸인펜(✕)'으로 잘못 쓰는 사람들도 있어요. '사인펜(○)'을 적절히 활용하여 그림을 멋지게 그려 보세요.

⑦ 달콤한 '초콜릿(chocolate)'

맛이 달콤한 '초콜릿(○)'은 많은 사람이 좋아하는 군것질거리입니다.

○ 초콜릿

✕ 초콜렛

그런데 '초콜릿(○)'을 '초콜렛(✕)'이라고 잘못 쓰는 사람들이 많아요. 많은 사람이 좋아하는 만큼 '초콜릿(○)'이라고 정확하게 씁시다.

⑧ '디지털(digital)'로 이루어진 세상

'디지털(○)' 세상이라고 할 만큼 우리 주변에는 '디지털(○)' 기기가 많습니다.

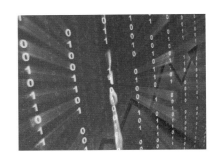

 ○ 디지털

 ✕ 디지탈

그런데 '디지털(○)'을 '디지탈(✕)'로 잘못 쓰는 사람들이 많아요. '디지털 사진기, 디지털 전화기' 등을 사용법에 따라 사용하듯이 외래어도 외래어 표기법에 맞게 '디지털(○)'로 써야 합니다.

⑨ 여러 가지를 살 수 있는 '슈퍼마켓(supermarket)'

우리는 화장지, 음료수, 라면 같은 것이 필요할 때 '슈퍼마켓(○)'에 갑니다.

 ○ 슈퍼마켓

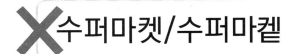 ✕ 수퍼마켓/수퍼마켙

그런데 자주 이용하는 '슈퍼마켓(○)'을 '수퍼마켓(✕)'이라고 잘못 쓰는 경우가 있어요. 위의 사진에서는 간판에 '수퍼마켙(✕)'이라고 잘못 적었습니다. 혹시 '슈퍼마켓(○)'에 갈 일이 있다면 간판을 살펴보세요.

⑩ 생일날 먹는 맛있는 '케이크(cake)'

생일날 우리는 함께 모여 이야기도 나누고 맛있는 '케이크(○)'도 먹습니다.

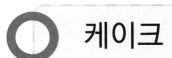 ○ 케이크

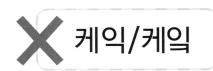 ✕ 케익/케잌

'케이크(○)'를 '케익(×)'이나 '케잌(×)'으로 잘못 쓰는 사람들이 있어요. '테입(×)'이나 '테잎(×)'으로 쓰지 않고 '테이프(○)'로 쓰는 것처럼 '케이크(○)'로 써야 합니다.

⑪ 시원한 바람이 나오는 '에어컨(air conditioner)'
무더운 여름에는 '에어컨(○)'을 켜는 곳이 많습니다.

'에어컨(○)'을 '에어콘(×)'으로 잘못 쓰면 안 돼요. 아무리 더워도 건강을 생각해서 '에어컨(○)'을 적절하게 사용해야 합니다.

⑫ 안전하게 사용해야 하는 '에스컬레이터(escalator)'
많이 걸어서 힘들고 지쳤는데 앞에 계단이 있다면 어떨까요? 아마 한숨이 먼저 나올 거예요. 그럴 때면 자동으로 움직이는 '에스컬레이터(○)'가 간절히 생각나겠죠?

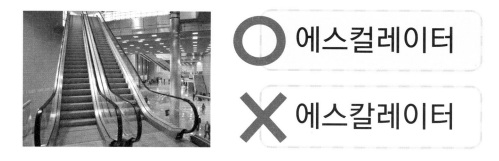

'에스컬레이터(○)'를 '에스칼레이터(×)'로 잘못 쓰는 사람들이 있어요. '에스컬레이터(○)'를 탈 때는 손잡이를 잡고 안전하게 이용합시다.

⑬ 맛있게 먹는 '프라이(fry)'
달걀로 달걀 '프라이(○)'를 만들어 봅시다. 달걀 '프라이(○)'는 '프라이팬(○)'에 기름을 두르고 달걀을 얹은 뒤 지져서 만듭니다.

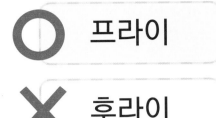

영어 'fry'의 'f'를 한글로 쓸 때는 'ㅎ'이 아니라 'ㅍ'으로 써야 해요. 따라서 '후라이(×)'가 아니라 '프라이(○)'로 씁니다. '프라이(○)'는 '프라이팬(○)'에 하지요.

⑭ 따끈하게 먹으면 맛있는 '소시지(sausage)'
'소시지(○)'를 간식으로 먹으면 맛있습니다.

맛있는 '소시지(○)'를 '소세지(×)'로 잘못 쓰는 경우가 있어요. '소세지(×)'가 아니라 '소시지(○)'가 맞아요. 자주 쓰는 말일수록 바르게 씁시다.

⑮ 음식을 더 맛있게 해 주는 '케첩(ketchup)'
핫도그는 그냥 먹으면 별로 맛이 없고 '케첩(○)'을 뿌려야 맛있습니다. 달콤하고 새콤한 맛이 나는 '케첩(○)'은 음식에 많이 사용합니다.

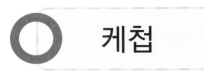

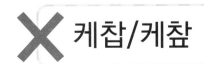

'케첩(○)'을 '케챂(×)'이나 '케챂(×)'으로 잘못 쓰는 사람들이 많아요. 위의 사진에서도 '케첩(○)'을 '케챂(×)'으로 잘못 썼습니다. 자주 쓰는 말인 만큼 정확하게 알아 두어야겠습니다.

⑯ 멋을 더해 주는 액세서리(accessory)

'액세서리(○)'를 잘하면 훨씬 더 예뻐 보입니다.

⭕ 액세서리

❌ 악세사리

'액세서리(○)'를 '악세사리(×)'로 잘못 쓰는 사람이 많아요. 심지어 가게 이름에도 '악세사리(×)'로 잘못 쓰기도 합니다. 여러분을 좀 더 멋지게 꾸며 주는 '액세서리(○)'를 바르게 씁시다.

⑰ 힘이 나는 말, 파이팅(fighting)

친구들과 운동을 하거나 놀이를 할 때 "파이팅.(○)" 하고 외칩니다.

⭕ 파이팅

❌ 화이팅

그런데 '화이팅(×)'이라고 잘못 쓰는 이들이 많아요. '파이팅(○)'은 영어로 'fighting'이므로 'f'를 'ㅍ'으로 써야 합니다. 앞으로 친구들을 응원할 때는 '화이팅(×)'이 아니라 '파이팅(○)'이라고 말합시다.

외래어 표기법의 달인

자주 틀리는 외래어를 모두 살펴보았나요? 그럼 얼마나 잘 살펴보았는지 확인해 봅시다. 아래 외래어들 중 맞는 것에는 ○, 틀린 것에는 X를 하세요.

외래어 표기법 연습하기 1

1	수퍼마켓	슈퍼마켓
2	파이팅	화이팅
3	악세사리	액세서리
4	케찹	케첩
5	초콜릿	초콜렛
6	쥬스	주스
7	디지털	디지탈
8	케잌	케이크

🌸 등급표

| 7~8개 : 달인 | 5~6개 : 고수 | 3~4개 : 중수 | 1~2개 : 하수 | 0개 : 노력 |

외래어 표기법 연습하기 2

1	소시지	소세지
2	센치미터	센티미터
3	께임	게임
4	프라이	후라이
5	에스컬레이터	에스칼레이터
6	에어컨	에어콘
7	사인펜	싸인펜
8	테이프	테잎
9	텔레비젼	텔레비전

🦋 등급표

| 7~9개 : 달인 | 5~6개 : 고수 | 3~4개 : 중수 | 1~2개 : 하수 | 0개 : 노력 |

　외래어 표기법 연습하기를 모두 풀어 보았나요? 여러분의 등급은 어떤가요? 생각보다 등급이 조금 낮나요? 그럼 앞의 외래어 표기를 다시 살펴본 뒤 풀어 보세요. 외래어 표기의 달인이 될 때까지!

4 로마자로 바르게 적기

여러분은 길을 가다가 외국인을 본 적이 있나요? 아마도 한 번쯤 외국인을 본 적이 있을 거예요. 그런데 외국인은 대개 한국어를 잘 모르는데 어떻게 길을 찾아다닐까요?

 녹번 **Nokbeon**

홍제 **Hongje**

우리말을 로마자로 적어서 읽을 수 있습니다.

외국인이 한국어를 몰라도 한국 여행을 다닐 수 있는 것은 '로마자 표기법' 덕분이에요. 지하철역 이름을 자세히 보면 한글로 적은 곳 아래나 뒤쪽에 로마자로 지하철역 이름이 쓰여 있어요. 외국인은 이것을 보고 발음하고 위치를 찾아갑니다.

외국인이 한국어를 발음할 수 있도록 한글을 로마자로 쓴 것을
로마자 표기법이라 합니다.

로마자 표기법은 어려워 보이지만 전혀 그렇지 않아요. 아래에 있는 로마자 표기 일람을 보고 그대로 한글을 옮겨 쓰면 됩니다.

로마자 표기 일람

모음	한글	ㅏ	ㅓ	ㅗ	ㅜ	ㅡ	ㅣ	ㅐ	ㅔ	ㅚ	ㅟ	
	로마자	a	eo	o	u	eu	i	ae	e	oe	wi	
	한글	ㅑ	ㅕ	ㅛ	ㅠ	ㅒ	ㅖ	ㅘ	ㅙ	ㅝ	ㅞ	ㅢ
	로마자	ya	yeo	yo	yu	yae	ye	wa	wae	wo	we	ui

자음	한글	ㄱ	ㄴ	ㄷ	ㄹ	ㅁ	ㅂ	ㅅ	ㅇ	ㅈ	ㅊ	ㅋ
	로마자	g, k	n	d, t	r, l	m	b, p	s	ng	j	ch	k
	한글	ㅌ	ㅍ	ㅎ	ㄲ	ㄸ	ㅃ	ㅆ	ㅉ			
	로마자	t	p	h	kk	tt	pp	ss	jj			

아래에 있는 '구미', '호미', '서울'을 로마자 표기법에 따라 로마자로 옮겨 써 봅시다.

로마자 표기법 연습 1

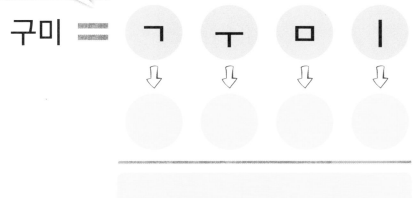

① 먼저 'ㄱ, ㅜ, ㅁ, ㅣ'에 맞는 로마자를 찾아서 옮겨 써 봅시다.
② 글자를 모아 '구미'의 로마자 표기를 완성해 봅시다.
③ 로마자 표기를 완성한 후, 서로 검토해 봅시다.

로마자 표기법 연습 2

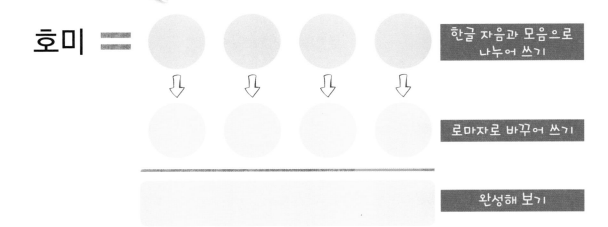

① 먼저 '호미'를 자음과 모음으로 나누어 순서대로 적어 봅시다.
② 다음으로 'ㅎ, ㅗ, ㅁ, ㅣ'에 맞는 로마자를 차례로 적어 봅시다.
③ 글자를 모아 '호미'의 로마자 표기를 완성해 봅시다.
④ 로마자 표기를 완성한 후, 서로 검토해 봅시다.

로마자 표기법 연습 3

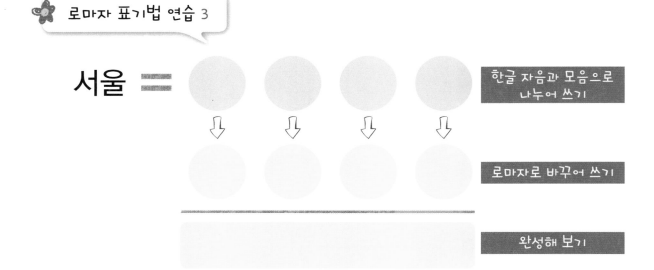

'구미', '호미', '서울'을 로마자로 옮겨 써 보았나요? 그럼 이번에는 여러분 이름을 로마자로 써 보세요. 로마자로 이름을 쓰는 것도 똑같습니다.

예를 들어 이름이 '송나리'라면 성인 '송'과 이름인 '나리'를 띄어서 쓴 다음, 글자를 자음과 모음으로 하나씩 나열합니다.

	성			이름			
송나리 =	ㅅ	ㅗ	ㅇ	ㄴ	ㅏ	ㄹ	ㅣ
	⇩	⇩	⇩	⇩	⇩	⇩	⇩
	s	o	ng	n	a	r	i

Song Nari

그런데 '리'를 쓸 때 'ㄹ'을 보니 로마자 'r, l' 두 개가 있어요. 하지만 헷갈릴 필요는 없습니다. 첫소리일 때는 r, 끝소리일 때는 l로 쓰면 됩니다. 아래에 있는 예를 살펴보세요.

릴 =	ㄹ	ㅣ	ㄹ
	⇩	⇩	⇩
	r	i	l

'ㄱ, ㄷ, ㅂ'을 로마자로 쓸 때도 'ㄹ'을 쓸 때와 같이 첫소리일 때와 끝소리일 때 다르게 씁니다. 'ㄱ'의 경우, 첫소리 일때는 g, 끝소리일 때는 k로 쓰면 됩니다. 아래에 있는 예를 살펴보세요.

각 =	ㄱ	ㅏ	ㄱ
	⇩	⇩	⇩
	g	a	k

이제 모두 이해했나요? 이름을 쓰는 것은 어려운 일이 아닙니다. 그럼 이제 자기 이름을 로마자로 써 보세요.

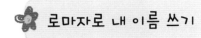

로마자로 내 이름 쓰기

내 이름:

‖

성	이름

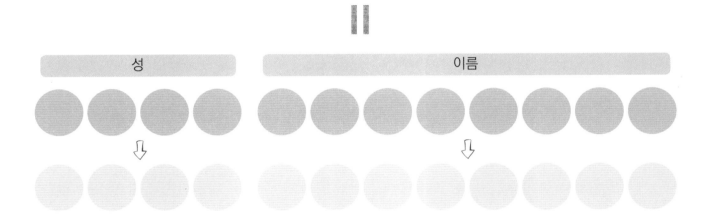

① 맨 위 빈칸에 자기 이름을 적은 뒤, 그 아래 성과 이름 부분에 순서대로 한 글자씩 적습니다.

② 글자마다 로마자를 찾아서 순서대로 씁니다.

③ 글자를 모아 로마자로 자기 이름을 완성해 봅니다.

④ 이때 '성'과 '이름'의 첫 번째 글자는 대문자로 씁니다.

　자기 이름을 로마자로 모두 써 보았나요? 그럼 친구들에게 로마자로 쓴 자기 이름이 무엇인지 알려 주세요.

❺ 우리말로 바꾸기

갈수록 우리말에서 외래어가 많아지고 있어요. 우리말로 적을 수 있는데도 외래어나 외국어로 적어야 할까요? 우리말로 바꿀 수 있는 말은 바꾸어 써야 합니다. 그래서 외국어뿐만 아니라 외래어도 우리말로 바꾸어 씁니다.

예를 들어 '게임'이라는 외래어는 '경기, 내기, 놀이'와 같은 우리말로 바꾸어 쓸 수 있어요. '게임' 대신 들어갈 말을 아래 밑줄에 써 보세요.

> [예] 여럿이 모여서 재미있는 <u>게임</u>을 즐겼다.
>
> → 여럿이 모여서 재미있는 ＿＿＿＿＿＿＿＿을/를 즐겼다.

외래어를 우리말로 바꾸는 노력은 계속되어 왔어요. 그런데 외래어를 우리말로 바꾸는 일은 여러분도 할 수 있습니다. 다음 외래어를 어떤 말로 바꿀 수 있을지 생각해 보세요.

외래어를 우리말로 바꾸기

워터파크 ⇨

캡처 ⇨

모두 우리말로 바꾸어 보았나요? 그럼 친구들 앞에서 어떻게 바꾸었는지 이야기해 보세요. 재미있는 말로 바꾼 친구가 있다면 칭찬해 주세요.

더 해 보기

적절한 우리말이 있는데도 외래어나 외국어로 적을 까닭이 없어요. '과자'라고 하면 되는데 '쿠키'라고 할 이유가 없잖아요. 외래어로 더 많이 말하고 외국어로 적는 것은 외래의 것을 우리 것보다 좋다고 착각하기 때문이에요.

그러면 우리 주변을 둘러싼 외국말을 어떻게 바꾸어 쓰면 좋을까요? 국립국어원에서는 **'모두가 함께하는 우리말 다듬기'**를 하고 있어요. '모두가 함께하는 우리말 다듬기 누리집(http://malteo.korean.go.kr)'에서는 누구나 외래어를 우리말로 다듬는 일에 참여할 수 있습니다. 여러분도 도전해 보세요.

외국말	어원	다듬은 말
갈라쇼	gala show	뒤풀이공연
내비게이션	navigation	길도우미
레시피	recipe	조리법
롤모델	role model	본보기상
멘토	mentor	(인생)길잡이
보이스피싱	voice phishing	(음성)사기전화
스크린도어	screen door	안전문
오프라인	off-line	현실공간
와이파이	Wi-Fi	근거리무선망
워터 파크	water park	물놀이 공원
웹서핑	web surfing	누리검색
유시시(UCC)	UCC←User Created Contents	손수제작물
캠프파이어	campfire	모닥불놀이
캡처	capture	(장면)갈무리
커플룩	couple look	짝꿍차림
팝업창	pop-up 窓	알림창
포스트잇	Post-it	붙임쪽지
풀 옵션	full option	모두갖춤
하이파이브	high five	손뼉맞장구
핫이슈	hot issue	주요쟁점

글쓰기 기초 다지기

학교에서 글짓기 대회가 열렸어요. 글감은 "아이들은 왜 아이돌을 좋아할까?"였습니다. 아이돌 그룹을 좋아하는 은영이는 글을 얼마나 잘 썼는지 우수상을 받았어요. 자기가 아이돌을 좋아하니 글쓰기도 쉬웠을 거예요. 그런데 요즘 아이들과 달리 아이돌을 전혀 좋아하지 않는 민석이가 대상을 받았어요. 상을 하나도 받지 못한 저는 친구들이 무척 부러웠어요. 그래서 민석이에게 어떻게 하면 글을 잘 쓸 수 있느냐고 물어보았지요. 그러자 민석이는 "그냥 네 생각대로 쓰면 돼." 하는 거예요. 그런 말은 저도 할 수 있는데 말이지요. 어떻게 하면 글쓰기를 잘할 수 있을까요? 저는 글쓰기에 소질이 없는 걸까요?

1 누구나 잘할 수 있는 글쓰기

글쓰기는 얼핏 쉬워 보이지만 막상 쓰려면 잘 되지 않을 때가 많아요. 그래서 '나는 글쓰기에 소질이 없나?'라고 생각하는 사람들이 많습니다. 하지만 글쓰기는 소질로 하는 것이 아니에요. 글쓰기는 기초를 차근차근 다지기만 하면 누구나 잘할 수 있는 재미있는 활동입니다. 이번 시간에는 생각나는 낱말을 적은 뒤 그 낱말로 짧은 문장을 만들 거예요. 또 비슷한 말로 바꾸어 보기, 다양하게 표현해 보기를 하면서 글쓰기 기초를 탄탄하게 다져봅시다.

2 짧은 문장 만들기

낱말 잇기 놀이

음식을 만들려면 음식 재료가 필요하듯이 글쓰기를 할 때도 재료가 필요해요. 글쓰기에 가장 먼저 필요한 재료는 낱말이에요. 처음부터 혼자 낱말을 모으려면 어려울 수 있어요. 낱말 잇기 놀이를 하면서 친구와 함께 낱말을 모아 보세요.

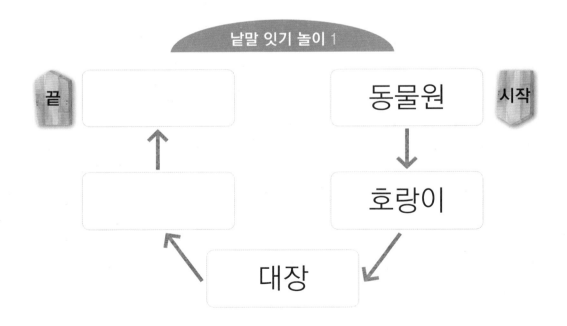

낱말 잇기 놀이는 앞에 나온 낱말을 들으면 생각나는 것을 이어 적는 놀이예요. 예를 들어서 '동물원'이라는 낱말을 보면 '호랑이'가 생각날 거예요. '호랑이'를 생각하면 '대장' 이란 낱말이 생각나고요. '대장'이란 낱말을 들으면 무엇이 생각나나요? 여러분이 위의 두 빈칸에 낱말을 이어 써 보세요.

빈칸을 모두 채웠나요? 그럼 이제 친구와 짝을 지어 낱말 잇기 놀이를 해 보세요. 낱말 잇기 놀이가 끝나면 짝과 함께 모은 낱말 2개를 골라 문장을 만들어요.

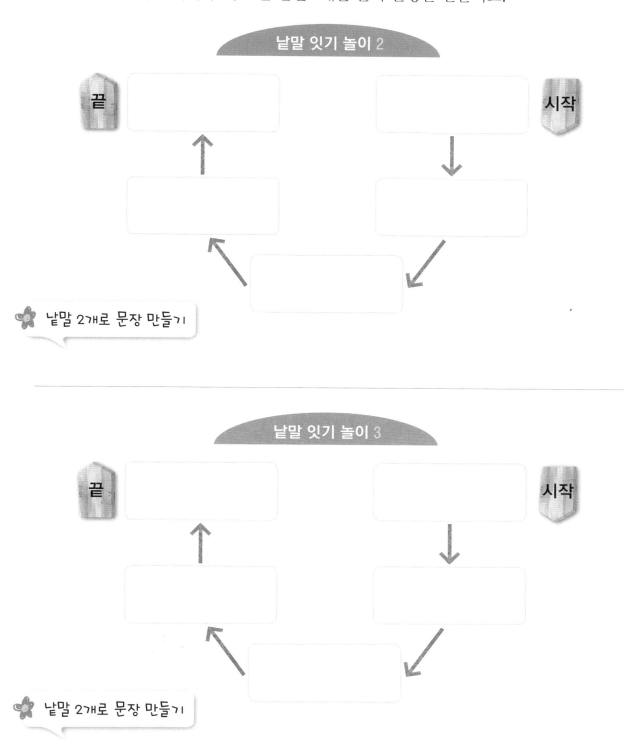

모두 낱말 잇기 놀이를 했나요? 친구와 함께 하니까 낱말 모으기가 어렵지 않지요? 이처럼 어려울 때 친구와 서로 도우면 글쓰기도 쉬워집니다.

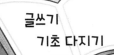
낱말 모아 문장 만들기

이번에는 혼자서 낱말을 모아 문장 만들기를 할 거예요. 먼저 그림을 보고 떠오르는 낱말을 네모 상자에 쓰세요. 그리고 그 낱말을 이용해 짧은 문장을 만들면 됩니다.

낱말로 문장 만들기

1. 낱말 생각해 내기

한결	강아지
개집	돌보다

2. 문장으로 만들기

한결이는 개집에 있는 강아지 네 마리를 돌봅니다.

위의 그림을 보면 생각나는 낱말인 '한결, 강아지, 개집, 돌보다'를 씁니다. 네 낱말을 모아 '한결이는 개집에 있는 강아지 네 마리를 돌봅니다.'라는 문장을 만들면 됩니다. 어렵지 않죠? 그럼 이번에는 여러분이 직접 해 보세요.

낱말로 문장 만들기 1

1. 낱말 생각해 내기

2. 문장으로 만들기

낱말로 문장 만들기 2

1. 낱말 생각해 내기

2. 문장으로 만들기

낱말로 문장 만들기 3

1. 낱말 생각해 내기

2. 문장으로 만들기

생각해 낸 낱말로 문장을 만들었나요? 그럼 세 문장 가운데 가장 마음에 드는 것을 골라 친구들 앞에서 발표해 보세요. 어떤 낱말로 만들었는지도 이야기합시다.

③ 뜻이 비슷한 낱말

여러분은 쌍둥이를 본 적이 있나요? 쌍둥이는 서로 똑같이 생긴 것 같지만 자세히 보면 다른 부분이 있어요. 아래 기린 쌍둥이를 보면서 서로 다른 부분이 있는지 찾아보세요. 그리고 어떤 점이 다른지 써 봅시다. 기린 쌍둥이의 차이점은 네 가지입니다.

차이점 1

차이점 2

차이점 3

차이점 4

모두 찾아서 썼나요? 기린 쌍둥이는 닮은 점이 많지만 서로 다른 부분도 있어요. 그런데 낱말에도 쌍둥이가 있습니다. 뜻이 비슷해서 서로 바꾸어 쓸 수도 있어요. 아래의 예를 함께 살펴봅시다.

뜻이 비슷한
낱말들!

은영이는 눈이 예쁘다.
⇩
은영이는 눈이 아름답다.

위의 두 문장에는 서로 다른 낱말이 쓰였지만 뜻은 거의 똑같아요. 왜 그럴까요? '예쁘다'와 '아름답다'가 쌍둥이처럼 뜻이 비슷하기 때문입니다.

그런데 비슷한 낱말로 바꾸어 쓰면 문장의 뜻이 달라지지 않을까요? 여러분이 직접 확인해 보세요. 아래 문장에서 밑줄 친 낱말을 뜻이 비슷한 낱말로 바꾸어 봅시다. 조금 어렵다면 도움 상자를 참고하세요.

도움 상자

즐겁다	재미있다	놀다	흥겹다	싫다	싸움하다	살다
좋다	변하다	겨루다	바뀌다	다투다	느끼다	모르다

미술 수업은 즐겁다.

⬇

① 미술 수업은

② 미술 수업은

염소들이 서로 싸웠다.

① 염소들이 서로

② 염소들이 서로

얼음이 물로 변했다.

⬇

① 얼음이 물로

② 얼음이 물로

뜻이 비슷한 낱말로 바꾸어 보았나요? 뜻이 같거나 비슷한 낱말로 바꾸어 쓰면 다양하게 표현하는 데 도움이 됩니다. 지루한 문장을 생생하게 바꾸어 주기도 하고요.

은영이는 눈이 예쁘다. 코는 예쁘다. 그리고 손도 예쁘다.

⇩ ⇩ ⇩

은영이는 눈이 예쁘다. 코는 사랑스럽다. 그리고 손도 아름답다.

> 문장을 쓸 때 똑같은 낱말을 반복하면 문장이 지루해집니다. 뜻이 비슷한 낱말로 바꾸면 표현이 다양해집니다.

같은 이야기를 계속하면 지루해지듯이 똑같은 낱말을 계속해서 쓰면 문장도 지루해집니다. 이럴 때 똑같은 낱말을 뜻이 비슷한 다른 낱말로 바꾸면 문장이 다양해져요. 예를 들어 위의 문장처럼 '예쁘다'라는 낱말을 뜻이 비슷한 다른 낱말로 바꾸면 읽기에 훨씬 좋습니다.

아래 문장은 '착하다'가 반복되어 지루해요. 여러분이 뜻이 비슷한 낱말로 바꾸어 보세요. 조금 어렵다면 도움 상자를 참고하세요.

한결이는 착하다. 민석이는 착하다. 은영이는 착하다.

⇩ ⇩

한결이는 착하다. 민석이는   . 은영이는

 도움 상자

상냥하다   친절하다   자상하다   순하다   부드럽다   정답다

어떤가요? 뜻이 비슷한 낱말로 바꾸니 문장이 더 생생해졌죠? 이렇듯 문장을 쓸 때는 같은 낱말을 반복하기보다는 뜻이 비슷한 다른 낱말을 다양하게 쓰는 것이 좋아요. 앞으로는 문장을 쓸 때 똑같은 낱말이 반복되지 않도록 주의하세요.

돋보기 상자

☆ 비슷한 낱말에는 차이가 있어요!

서로 뜻이 비슷한 낱말이라도 완전히 똑같은 것은 아니에요. 예를 들어 '부끄럽다'와 '창피하다'는 뜻이 비슷한 낱말이지만 아래 두 문장에서는 바꾸어 쓸 수 없습니다. 따라서 비슷한 낱말을 쓸 때는 문장의 의미를 잘 생각해야 합니다.

[예] 나는 부끄러움이 많다.(O) / 나는 창피함이 많다.(X)

❹ 강조해서 쓰기

  글쓰기를 할 때 강조하거나 두드러지게 표현하고 싶으면 어떻게 할까요? 방법은 아주 간단합니다. 문장의 뜻을 두드러지게 해 주는 낱말을 넣으면 되니까요.

호랑이는 덩치가 엄청나게 크다.
⇧
호랑이는 덩치가 크다.

  위의 두 문장은 '엄청나게'를 빼면 똑같은 문장이에요. 그런데 '엄청나게'가 들어간 문장은 호랑이의 덩치가 훨씬 더 크게 느껴집니다. 이처럼 문장의 뜻을 두드러지게 해 주는 낱말이 있어요. 이런 낱말을 이용하면 글이 더 멋져집니다.

그럼 문장의 뜻을 두드러지게 하는 낱말을 이용해 봅시다. 아래에 있는 문장에서 네모 상자에 들어갈 낱말을 '도움 상자'에서 골라 쓰세요.

강조해서 쓰기

이 버스는 크다.

⇨

이번 여름은 덥다.

⇨

도움 상자

매우   정말   많이   무척   엄청나게   너무   얼마나

모두 해 보았나요? 그럼 가장 마음에 드는 문장 하나를 골라 친구들 앞에서 발표해 보세요.

5 문장 이어 보기

우리는 여러 문장으로 글을 씁니다. 떠오르는 생각을 한 문장에 다 담기는 어렵기 때문이에요. 예를 들어 학교에서 집으로 가는 길을 한 문장으로 설명할 수 있을까요? 한 문장으로 쓰더라도 뒤죽박죽되어 다른 사람들이 이해하기 어려울 거예요. 그래서 글을 여러 문장으로 나누어 씁니다. 그런데 여러 문장을 그대로 나열하기만 하면 될까요?

민석이는 윗니가 아팠습니다.

민석이는 병원에 갔습니다.

위의 글은 민석이가 윗니가 아파 병원에 갔다는 내용을 두 문장으로 쓴 것입니다. 그런데 왠지 이상하지요. 뜻은 이해되는데 두 문장이 자연스럽게 이어지지 않은 것 같아요. 그래서 다음과 같이 고쳐 보았습니다.

민석이는 윗니가 아팠습니다.

그래서 민석이는 병원에 갔습니다.

위의 두 문장은 '그래서'라는 낱말이 들어간 것을 빼면 서로 똑같아요. 하지만 '그래서'를 넣으니 문장을 이해하기가 쉽지요. '그래서'와 같은 낱말을 이용하면 두 문장을 자연스럽게 이을 수 있습니다.

그럼 문장 이어 보기를 각자 해 볼까요? 다음 두 문장을 자연스럽게 이어 줄 낱말을 넣어 보세요.

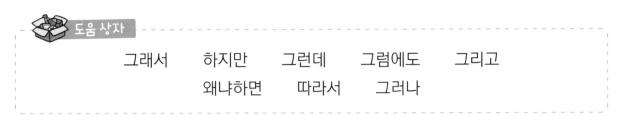

도움 상자

그래서   하지만   그런데   그럼에도   그리고
왜냐하면   따라서   그러나

두 문장을 잇는 낱말 쓰기

1

아침부터 비가 내리고 있었습니다.

_____ 우산을 챙겼습니다.

2

은영이는 친구들과 나들이를 갔습니다.

_____ 민석이는 일이 생겨 오지 못했습니다.

3

한결이와 민석이는 선생님께 꾸중을 들었습니다.

_____ 수업 시간에 떠들었기 때문입니다.

4

한결이는 동생과 함께 나들이를 갔다.

_____ 갑자기 날이 어두워지면서 비가 왔다.

_____ 지붕이 있는 근처 쉼터로 피했다.

5

은영이는 매우 화가 났다.

_____ 동생이 아끼는 책을 찢어 놓았기 때문이다.

_____ 은영이는 동생을 찾아보았지만 도망을

갔는지 보이지 않았다.

6

민석이는 숙제를 하지 않았다.

_____ 민석이는 걱정이 되지 않았다.

_____ 오늘은 숙제 검사를 하지 않는다고 했기

때문이다.

7

한결이는 배가 무척 고팠습니다.

_____ 시간이 없어서 아무것도 먹지 못했습니다.

두 문장을 이어 줄 낱말을 알맞게 넣었나요? 그럼 이번에는 두 문장을 이어 주는 낱말을 보고 앞이나 뒤에 쓰일 문장을 상상하여 써 보세요.

한결이는 들것에 실려갔습니다.

왜냐하면 _____

_____

민석이는 은영이를 좋아합니다.

그래서 _____

_____

은영이는 _____

그리고 실로폰 연주도 잘합니다.

한결이는 _____

그래서 _____

앞뒤 문장을 상상해서 잘 썼나요? 그럼 마음에 드는 문장을 하나 골라 친구들 앞에서 발표해 보세요. 재미있게 발표한 친구는 칭찬해 줍니다.

6 제목 만들기

아마 이름이 없는 사람은 없을 거예요. 사람은 물론이고 식물과 동물 그리고 글에도 이름이 있어요. 우리는 보통 글의 이름을 '제목'이라고 합니다.

글의 제목은 재미있고 독특한 것도 좋지만 먼저 글의 내용을 잘 나타내야 해요. 다시 말해 제목을 보고 글의 내용을 예상할 수 있어야 합니다. 떡볶이를 파는 가게 이름이 '옷 가게'라면 어떤 일이 생길까요? 사람들은 옷을 사러 들어갔다가 당황할 거예요. 글의 제목도 마찬가지입니다. 글의 내용을 잘 나타낼 수 있는 제목을 붙이는 것이 좋아요.

제목을 만들 때는 먼저 글을 꼼꼼하게 읽으며 중심 내용이 무엇인지 파악해야 합니다. 자주 나오는 낱말이 무엇인지도 보아야 하고요. 자주 나오는 낱말을 이용해 중심 내용이 잘 드러나도록 제목을 만들면 됩니다.

제목 만들기 3단계

1단계

글을 읽으며 중심 내용 파악하기

2단계

자주 나오는 낱말이 무엇인지 파악하기

3단계

자주 나오는 낱말을 넣어 중심 내용이 잘 드러나게 제목 쓰기

그럼 직접 제목 짓기를 해 봅시다. 아래에 있는 글을 읽고 제목을 만들어 보세요.

제목

어제는 학교 친구들과 계곡에 물놀이를 하러 갔다. 그런데 민석이가 물웅덩이에서 신기한 것을 발견했다. 말랑말랑하고 길고 투명한데 검은 점들이 있었다. 옆에 있던 아저씨가 도롱뇽 알이라고 했다. 나는 도롱뇽 알을 부화시키려고 몇 개 집어 들었다. 그때 아저씨가 도롱뇽 알은 자연에 그대로 두어야 한다고 했다. 나는 도롱뇽 알을 갖고 싶었지만 아저씨의 말을 들었다. 집에 돌아오는 길에 계속 아쉬웠다.

제목

주말에 삼촌과 퍼즐 맞추기를 했다. 처음에는 삼촌이 많이 도와줬다. 그런데 점심을 먹고 난 뒤 삼촌은 잠만 잤다. 그래서 할 수 없이 혼자서 퍼즐을 하나씩 맞췄다. 퍼즐이 너무 많아서 힘들었지만 포기하지 않고 계속 맞췄다. 그런데 옆에서 잠을 자던 삼촌이 뒤척이다가 내가 맞춘 퍼즐을 다 망가뜨렸다. 나는 울면서 엄마에게 달려갔다. 엄마는 다시 시작하면 된다고 했다. 나는 삼촌이 미웠다. 다음 주말에 퍼즐을 다시 맞춰야겠다.

제목

　횡단보도를 건널 때는 먼저 인도 안쪽에 서서 신호등이 초록불이 될 때까지 기다려야 한다. 신호등이 초록불로 바뀌면 손을 들고 좌우를 살피며 걸어야 한다. 횡단보도를 건널 때는 뛰거나 친구들과 장난을 치면 안 된다.

　신호등이 없는 횡단보도에서는 먼저 차가 오는지 안 오는지 잘 살펴야 한다. 그러고 나서 차가 오지 않으면 손을 들고 주변을 살피며 걸어야 한다. 이때도 친구와 장난을 하거나 뛰면 안 된다.

제목

　일반적으로 곰은 깊은 산이나 북극 지방 등에서 산다. 몸에 비해 다리가 짧고 굵으며 꼬리는 매우 짧아서 털에 가려 잘 보이지 않는다. 곰은 덩치가 매우 크지만 나무에 잘 오른다. 식물과 동물을 모두 먹는 잡식성이다. 겨울에는 대부분 굴속에서 겨울잠을 잔다.

　글에 어울리는 멋진 제목을 만들었나요? 그럼 친구들 앞에서 발표해 보세요. 왜 그런 제목을 만들었는지도 설명하세요.

열린 생각을 이용한 글쓰기

글쓰기 수업 시간이에요. 저는 같은 모둠인 은영, 민석과 둥그렇게 앉아 있습니다. 우리 앞에는 흰 종이가 한 장 놓여 있고요. 선생님께서는 "너희 '생각의 지도' 알지? '마인드맵'이라고 하는 것 말이야. 모둠끼리 '생각의 지도'를 만들어 볼 거야. 핵심 낱말은 '게임'이고. 나눠 준 종이에 가장 복잡하게 많이 그리는 모둠이 1등이다."라고 하셨어요. 생각의 지도라면 주어진 단어를 중심으로 계속해서 떠오르는 낱말을 적어 나가는 거잖아요. 그런데 이 생각의 지도와 글쓰기가 무슨 관계가 있기에 선생님께서 이런 과제를 주실까요?

1 팝콘처럼 터지는 생각

우리는 학교에 다니면서 시험을 많이 봅니다. 여러분은 '시험'을 떠올리면 무엇이 생각나나요? 생각나는 낱말이나 문장을 아래에 자유롭게 쓰세요.

연상되는 말 쓰기: 시험

시험을 생각하면 떠오르는 것들을 적었나요? 지금부터는 쓴 낱말들을 분류해 볼 거예요. 먼저 쓴 낱말 가운데 시험과 전혀 관련이 없는 낱말은 △를 합니다. 그리고 시험과 연관이 깊은 단어는 ◯를, 아주 중요한 낱말 3개에는 ✬를 합니다.

낱말에 표시를 끝냈다면 아래에 다시 정리하세요. 낱말이 많다면 마음에 드는 것만 골라 써도 좋아요.

🌸 연상한 말 정리하기: 시험

✬ =			

◯ =			

낱말 고르기를 끝냈나요? 그렇다면 이제 시험과 관련된 시를 한 편 써 볼 거예요. 시험에 대해 시를 쓸 때는 ✬와 ◯를 한 낱말을 참고하세요.

🌸 시험과 관련된 시 쓰기

 제목

모두 시험과 관련된 시를 썼나요? 그럼 친구들 앞에서 발표해 보세요. 감동적인 시, 재미있는 시를 쓴 친구가 있다면 칭찬해 줍니다.

❷ 여름이 더운 이유가 궁금한 친구에게

우리나라에는 봄, 여름, 가을, 겨울 사계절이 있어요. 하지만 모든 나라에 사계절이 있는 것은 아니에요. 1년 내내 추운 곳도 있고, 1년 내내 더운 곳도 있어요. 미국의 알래스카라는 곳은 1년 내내 춥답니다. 이번에는 알래스카에 사는 친구에게 우리나라의 더운 여름을 소개하는 편지를 써 볼 거예요.

먼저 한국의 여름을 떠올리면 생각나는 것들을 마음대로 써 보세요.

🌸 연상되는 말 쓰기: 여름

한국의 여름을 떠올리면 생각나는 낱말을 모두 적었나요? 친구는 무슨 낱말을 적었는지 서로 비교해 보세요. 내가 생각하지 못한 낱말을 친구가 썼다면 그 낱말을 같이 써도 좋아요.

93

이제 여름과 관련된 낱말을 정리할 거예요. 여러분이 쓴 낱말을 아래 분류에 맞게 쓰세요. 관련된 낱말이 없다면 생각해서 채워 넣으세요. 아래 분류에 없는 낱말 가운데 아주 중요하다고 여겨지는 단어는 '더 채우기' 칸에 넣습니다.

✿ 연상되는 말 정리하기: 여름

여름과 관련된 낱말을 정리했나요? 그럼 이제 편지를 쓸 거예요. 그런데 그 전에 할 일이 있어요. 편지에 어떤 내용을 넣을지 정해야 하거든요. 어떤 내용을 골라서 쓸지 순서를 먼저 정하세요.

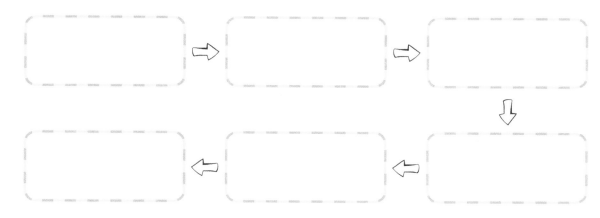

편지에 넣을 내용 순서대로 정리하기

어떤 내용을 쓸지 정했나요? 그럼 그 내용을 순서대로 적어서 편지를 써 보세요. 조금 어렵다면 친구나 선생님의 도움을 받아도 좋아요.

🐨 **알래스카에 사는 '션'에게 편지 쓰기**

3 '나'를 알리는 광고 만들기

여러분이 이 세상에서 가장 잘 알고 있는 것은 무엇인가요? 친구들마다 잘 알고 있는 것이 다르겠지만 가장 잘 알고 있는 것은 모두 같을 거예요. 그것은 바로 '나'입니다. 이번에는 내가 가장 잘 알고 있는 '나'를 알리는 광고를 만들어 보겠습니다.

'나'에 대해 조사하기

'나'를 광고하려면 '나'에 대한 정보를 모아야 합니다. 아래에 있는 '나 조사표'를 작성해 보세요.

- 이름은?

- 사는 곳은?

- 생김새는?

- 성격은?

- 잘하는 것은?

- 좋아하는 것은?

- 싫어하는 것은?

- 꿈은?

-

-

모두 '나'에 대한 조사를 마쳤나요? 빠진 정보가 있는지, 더 넣을 것이 있는지 다시 살펴 보세요.

친구들이 말해 주는 나

'나'에 대해서 가장 잘 아는 사람은 나일 거예요. 하지만 나만큼 나를 잘 알고 있는 사람이 있습니다. 바로 가족이나 친구예요. 여기에서는 친구가 생각하는 '나'를 알아볼 거예요. 친구에게 '나'를 떠올리면 생각나는 긍정적인 말은 무엇인지 물어보세요. 그리고 친구가 이야기하는 것들을 아래에 적어 보세요.

친구들이 말해 주는 나

친구가 말해 준 나의 긍정적인 점을 모두 썼나요? 그럼 친구가 해 준 말 가운데 마음에 드는 것에 ✩을 표시합니다. 광고를 만들 때 ✩표시가 된 낱말을 참고하세요.

열린 생각을
이용한 글쓰기

'나'를 알리는 광고

광고 만들 재료를 모두 모았으니 이제 광고를 만들어 봅시다. 광고를 만드는 형식은 따로 없어요. 여러분이 네모 상자에 원하는 대로 만들면 됩니다. 그림을 그려도 좋고 글자를 예쁘게 써 넣어도 좋아요. 여러분의 특성과 장점이 잘 드러나게 만들어 보세요.

'나'를 알리는 광고

모두 광고를 만들었나요? 그럼 친구들 앞에서 자랑해 보세요. 광고를 재미있거나 기발하게 만든 친구가 있다면 칭찬합시다.

 **열린 생각을 이용해 짝꿍 소개하기**

1. 친구를 소개해 봅시다

여러분에게 소중한 사람은 누구인가요? 사람마다 조금씩 다르겠지만 대부분 '친구'나 '가족'을 꼽을 거예요. 이번 시간에는 소중한 존재 가운데 하나인 '짝꿍'에 대해 알아보세요. 그리고 열린 생각을 이용해 짝꿍을 소개하는 글쓰기를 해 봅시다.

2. 열린 생각을 이용하여 짝꿍 소개하는 글쓰기

'짝꿍' 인터뷰하기

이제부터 여러분은 '기자'가 되어 짝꿍을 인터뷰해야 합니다. 다른 사람에게 짝꿍을 소개하려면 짝꿍에 대해 많이 알아야 하기 때문이에요. 둘씩 짝지어 누가 먼저 '기자'를 할지 정하세요.

'기자'는 인터뷰하러 가기 전에 무엇을 물어볼지 미리 생각해야 합니다. 다른 친구들이 내 짝꿍에 대해 무엇을 알고 싶어할지 생각하면서 짝꿍에게 물어볼 내용을 적으세요.

물어볼 내용

1

2

3

4

5

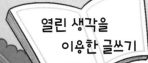
물어볼 내용이 잘 생각나지 않는다면 아래에 있는 도움 상자를 참고하여 질문을 더 만들어 보세요.

 도움 상자
> 사는 곳   습관   꿈   자랑하고 싶은 것   가족   이름
> 취미   싫어하는 것   좋아하는 것   나이   잘하는 것

물어볼 내용을 모두 적었다면 위의 내용을 짝꿍에게 질문하고 짝꿍의 답변을 적어 봅시다.

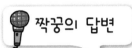 짝꿍의 답변

질문 1

질문 2

질문 3

질문 4

질문 5

인터뷰가 모두 끝났다면 이제는 반대로 답변했던 사람이 '기자'가 되어 질문합니다.

모두 짝꿍을 대상으로 인터뷰를 잘 마쳤나요? 짝꿍에 대해 정보를 많이 얻었나요? 그러면 이제 짝꿍을 소개하는 글을 한 편 써 보세요. 짝꿍에게 어울리는 제목도 멋지게 짓고요.

내 짝꿍 소개하기

_____

_____

_____

_____

_____

_____

_____

_____

_____

　　자신을 소개하는 글을 쓰기도 어렵지만 다른 사람을 소개하는 글을 쓰기는 더 어렵습니다. 하지만 인터뷰 같은 정보 모으기를 통해서 글의 재료만 잘 준비하면 짝꿍 소개 글을 멋지게 완성할 수 있어요. 어떤 주제로 글을 쓰든 처음에는 막막하겠지만 오늘 배운 대로 하나하나 써 나간다면 무슨 글이든 어렵지 않게 완성할 수 있어요.

설명하는 글쓰기

"울릉도 동남쪽 뱃길 따라 이백 리 외로운 섬 하나 새들의 고향……."
이렇게 시작하는 '독도는 우리 땅'이라는 노래가 있잖아요. 일본이 독도
가 자기네 땅이라고 할 때마다 이 노래가 방송에서 자주 나와 저도 가
사를 외우게 되었지요. 그러면서 왜 독도가 우리 땅인지 역사적 사실과
근거를 들어 조목조목 설명하는 글을 쓰고 싶어졌어요. 세계 여러 나라
에 독도가 우리 땅이라는 사실을 알리고도 싶고요. 글을 어떻게 써야
사람들이 제가 쓴 글을 읽고 "아, 독도는 옛날부터 대한민국 땅이었군!"
할 수 있을까요?

독도는 우리땅!!

1 할아버지께 길 안내하기

여러분은 누군가에게 길을 물어본 적이 있나요? 아니면 누군가가 여러분에게 길을 물어본 적이 있나요? 어떻게 설명해야 헷갈리지 않고 목적지까지 잘 갈 수 있을까요?

할아버지께 창덕궁 가는 길 안내하기

여기 시골에서 올라오신 할아버지가 한 분 계세요. 할아버지께서는 안국역 근처에 있는 창덕궁에 가려고 하십니다. 그런데 할아버지께서는 지하철 타는 방법도, 안국역까지 가는 길도 잘 모르세요. 어떻게 하면 할아버지께서 창덕궁까지 가실 수 있는지 여러분이 안내해 주세요.

창덕궁

창덕궁은 조선 시대 때 왕이 정치를 하고 생활을 하던 궁궐 가운데 하나입니다. 창덕궁은 서울시 종로구 창덕궁길에 있으며 1997년 유네스코 세계문화유산으로 지정되었습니다. 창덕궁은 매우 아름다워 많은 사람이 찾아옵니다.

먼저 창덕궁에 가려면 지하철을 타고 안국역으로 이동해야 해요. 할아버지께서는 지금 서울역에 계십니다. 지하철을 타고 어떻게 이동해야 할지 지하철 노선도를 보고 생각해 보세요.

안국역에 내린 다음에는 걸어서 창덕궁 앞까지 가야 합니다. 아래 지도를 보고 어떻게 설명해야 할지 생각해 보세요.

그럼 이제 서울역에서 지하철 1호선을 타고 종로3가역에서 내려 3호선으로 갈아탄 다음 안국역에서 내려 창덕궁까지 가는 방법을 단계별로 써 보세요. 할아버지께 드리는 글인 만큼 높임말을 적절히 써야 합니다.

서울역에서 창덕궁 가기

1단계

2단계

3단계

4단계

5단계

할아버지께 드릴 글을 모두 썼나요? 그럼 친구들은 어떻게 썼는지 비교해 보세요.

국립어린이청소년도서관에 가는 길

한국에 놀러온 일본인 친구 '다르빗슈'는 국립어린이청소년도서관에 가고 싶어합니다. 현재 다르빗슈가 있는 곳과 국립어린이청소년도서관의 위치는 아래 지도에 나와 있어요. 지도 내용을 잘 살펴본 다음 다르빗슈에게 국립어린이청소년도서관에 가는 길을 안내해 봅시다.

국립어린이청소년도서관 가기

현재 있는 곳	동그라미어린이집	이동 거리	615m
가고 싶은 곳	국립어린이청소년도서관	이동 시간	약 9~12분

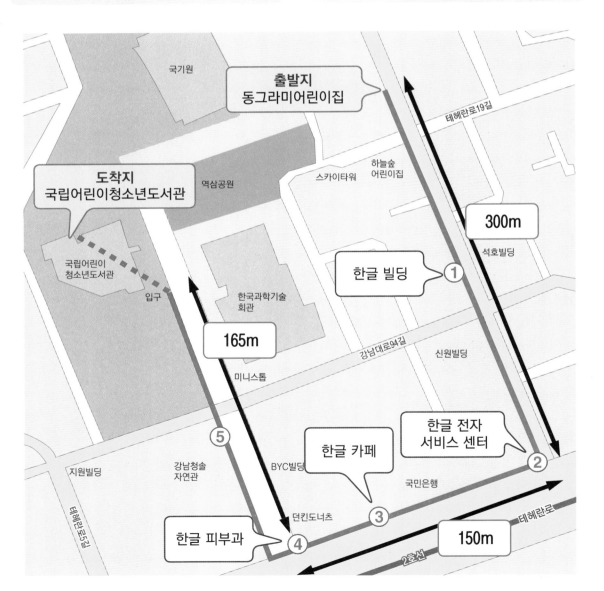

지도를 꼼꼼하게 살펴보았나요? 그럼 이제 안내하는 글을 써 봅시다. 길을 안내할 때는 잘 보이는 건물이나 거리 등을 적는 것이 중요해요. 다르빗슈에게 편지를 쓰듯 안내하는 글을 쓰세요.

🌸 **국립어린이청소년도서관 가는 방법**

모두 썼나요? 그럼 친구들 앞에서 발표해 보세요. 지도와 안내하는 글을 참고하면 국립어린이청소년도서관에 제대로 찾아갈 수 있을지 상상하면서 발표를 듣습니다.

2 동생에게 알려 주는 '슈퍼마켓 다녀오기 설명서'

우리는 가끔 어머니나 아버지 심부름으로 슈퍼마켓에서 물건을 사 옵니다. 여러분처럼 다 큰 청소년은 쉽게 할 수 있는 일이지요. 그런데 어린 동생들에게 심부름을 시킨다면 잘할까요? 어린아이들은 심부름을 해 본 경험이 거의 없어 잘 모를 거예요. 이런 동생들을 위해 '슈퍼마켓 다녀오기 설명서'를 써 보세요.

동생에게 설명할 내용 크게 나누기

동생을 위해 슈퍼마켓 다녀오기 설명서를 쓰려면 먼저 설명할 내용을 나누어야 합니다. 출발 전 준비부터 다녀와서 정리하기까지 몇 단계로 나눌 수 있을까요? 여러분이 생각한 대로 나누어 제목을 써 보세요. 3단계여도 좋고 4단계여도 좋아요. 조금 어렵다면 친구나 선생님에게서 도움을 받으세요.

<슈퍼마켓 다녀오기 설명서>
설명할 내용 크게 나누기

1단계	출발 전 준비하기
2단계	
3단계	
4단계	

설명서를 단계별로 나누었나요? 그럼 친구들과 비교해 보세요. 친구들은 몇 단계로 나누었는지, 어떤 제목으로 썼는지 살펴봅시다.

동생을 위한 상세 설명서 쓰기

설명할 내용을 단계별로 나누었으니 이제 채우기만 하면 됩니다. 단계별로 들어갈 내용을 쓰세요. 이때 어린 동생이 주의해야 할 사항도 함께 씁니다.

<동생을 위한 슈퍼마켓 다녀오기 설명서>

1단계: 출발하기 전 준비하기

1단계: 할 일	슈퍼마켓에서 살 물건 목록 적기 장바구니와 물건을 계산할 돈 또는 카드 챙기기
1단계: 주의 사항	

2단계:

**2단계:
할 일**

**2단계:
주의
사항**

3단계:

**3단계:
할 일**

**3단계:
주의
사항**

4단계:

4단계: 할 일	

4단계: 주의 사항	

　　모두 동생에게 줄 설명서를 만들었나요? 그럼 동생이 이 설명서를 보고 심부름을 잘 다녀올 수 있을지 검토를 받아야 해요. 각자 쓴 설명서를 짝꿍과 바꿉니다. 그리고 어린 동생이 되었다고 상상하면서 설명서를 살펴보세요. 문제 되는 부분이 있다면 고쳐 줍니다. 어떤 부분이 이상한지, 어떻게 고쳐야 하는지 자세히 적으세요.

짝꿍의 설명서 검토하기

단계	고쳐야 할 내용, 추가할 내용

　　고쳐야 할 부분을 모두 썼다면 각자 짝꿍에게 돌려주세요. 짝꿍의 검토 내용을 참고하여 설명서를 고치세요. 모두 고친 다음에는 동생을 위한 설명서를 친구들 앞에서 발표합니다.

3 요약해서 설명하기

할아버지와 할머니는 보통 눈이 좋지 않으세요. 그래서 두꺼운 돋보기를 쓰고 글자를 읽으십니다. 하지만 글자가 너무 작으면 돋보기를 써도 읽기가 쉽지 않아요. 이번에는 할아버지, 할머니를 위해 글자가 작게 쓰인 긴 글을 짧게 요약해서 써 보겠습니다.

여기 눈이 좋지 않은 할아버지와 할머니를 위한 기사가 있어요. 하지만 글자가 너무 작고 글도 많아서 할아버지와 할머니께서 읽기가 어려우십니다. 여러분이 읽은 다음 중요한 내용을 간추려서 다시 써 봅시다.

먼저 '눈 건강을 위한 글'을 읽으면서 중요한 부분에 밑줄을 긋습니다. 중요한 낱말은 동그라미를 합니다.

눈 건강을 위한 글

눈을 건강하게 유지하려면 꾸준히 노력해야 한다. 관리만 잘하면 80대에도 좋은 시력을 유지할 수 있다.

몸을 건강하게 하려면 운동해야 하듯이 눈도 눈 운동을 해야 건강해진다. 눈 운동을 하기는 어렵지 않다. 먼저 두 손을 비벼서 열이 나게 한 뒤 눈 위에 얹어 온기를 전하는 방법이 있다. 양손 끝으로 관자놀이 부분을 꾹꾹 눌러 주는 것도 좋다. 눈을 위, 아래, 오른쪽, 왼쪽으로 돌리며 여러 방향을 보는 것도 좋다.

잠을 자지 않으면 피곤하듯이 눈도 쉬지 못하면 피곤해한다. 책을 보거나 컴퓨터를 할 때는 1시간에 한 번 10분쯤 쉬는 것이 좋다. 쉴 때 눈 운동을 하면 더 좋다.

눈 운동과 눈 휴식에 이어 눈에 좋은 음식을 먹는 것도 중요하다. 눈에 좋은 음식에는 당근, 우유, 결명자차 등이 있다. 이 음식들은 비타민 에이(vitamin A)를 보충해 각막과 결막이 건조해지지 않게 해 준다. 또 밤에 눈이 잘 보이지 않는 야맹증에 걸리지 않게 도와준다.

마지막으로 눈을 늙게 하는 자외선을 조심해야 한다. 자외선은 눈을 늙게 할 뿐 아니라 백내장을 일으킬 수 있다. 자외선이 강한 오전 11시부터 오후 12시까지 바깥에서 활동할 때는 반드시 선글라스를 써야 한다.

　중요한 부분을 동그라미와 밑줄로 표시했나요? 그럼 중요한 부분을 참고하여 아래에 짧게 옮겨 쓰세요. 이 글은 할아버지와 할머니께서 보실 거예요. 웃어른에게 쓰는 글이라는 점을 참고합시다.

짧게 줄인 '눈 건강을 위한 글'

제목

_____

1

_____

_____

2

_____

_____

3

_____

_____

4

_____

_____

　할머니와 할아버지를 위한 글을 썼나요? 그럼 친구들 앞에서 발표해 보세요. 짧고 명확하게 요약한 친구에게는 칭찬을 해 줍시다.

상상하기와 글쓰기

민석이는 '해리포터 시리즈'를 무척 좋아합니다. 7권이나 되는 책을 모두 읽었고 영화도 다 찾아서 보았고요. 심지어 영어로 쓰인 해리포터 책을 읽겠다고 원서를 들고 다녔는데 정말 다 읽었는지는 모르겠어요. 민석이는 한동안 해리포터의 주인공이 외우는 주문을 따라 외우고 주인공이 들고 다니는 지팡이와 비슷하게 생긴 것을 구해 마법을 걸어 보기도 했어요. 물론 마법이 걸릴 리가 없었지만요. 민석이는 조앤 롤링 아줌마처럼 해리포터 시리즈 같은 책을 쓰고 싶어해요. 어떻게 하면 민석이가 상상만으로 글을 재미있게 쓸 수 있을까요?

1 내 마음대로 바꾸기

　텔레비전이나 영화를 보면 주인공이 자기가 원하는 대로 모습을 바꾸는 장면이 나올 때가 있어요. 예를 들어 자동차를 날아다니게 하기도 하고 호랑이를 고양이로 변신시키기도 합니다. 여러분이 이런 일들을 할 수 있다면 어떨까요? 무척 신 날 거예요. 이번 시간에는 여러분이 바꾸고 싶은 것들을 마음대로 바꾸어 보겠습니다.

2 내 마음대로 바꾸는 나

　여러분은 적어도 하루에 한 번은 거울에 비친 자기 모습을 봅니다. 모두 예쁘고 잘생겼지요. 그런데 어떤 부분은 바꾸고 싶기도 할 거예요. 예를 들어 키가 작은 친구는 다리를 길게 만들고 싶고, 힘이 약한 친구는 바위도 번쩍 들 만큼 튼튼한 팔을 갖고 싶을 테지요. 내 몸을 영화에 나오는 '슈퍼맨'이나 '아이언맨' 같은 영웅처럼 바꿀 수 있다면 어떻게 할지 써 보세요.

바꾼 부분	등에 날개를 달았다.

바꾼 이유	하늘을 날 수 있어서 좋으니까. 걷지 않아서 편하니까.

　예를 들어 하늘을 날고 싶어서 날개를 달았다면 위처럼 쓰면 됩니다. 어떻게 하는지 모두 이해했나요? 그럼 여러분이 바꾸고 싶은 부분과 그 이유를 써 봅시다.

🌸 내 마음대로 바꾸는 나

바꾼 부분 1

바꾼 이유 1

바꾼 부분 2

바꾼 이유 2

바꾸고 싶은 부분을 모두 썼나요? 그럼 바뀐 자기 모습을 상상하며 그림을 그려 보세요. 그림을 모두 그렸다면 친구들과 서로 비교해 봅시다.

🌸 바뀐 나의 모습 그리기

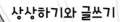

친구들에게 바뀐 내 모습을 보여 주었나요? 그럼 이번에는 내가 쓴 내용을 바탕으로 글을 한 편 쓰고 제목도 붙이세요.

🌸 바뀐 나의 모습 글로 쓰기

제목

_____

_____

_____

_____

_____

_____

_____

_____

_____

모두 글로 썼나요? 그럼 친구들 앞에서 발표해 보세요.

일곱째 마당

③ 더 편한 교실 만들기

여러분은 매일 아침 어디에 가나요? 네, 맞아요. 쉬는 날 말고는 학교에 가요. 학교에 와서 교실로 들어가면 개구쟁이 친구들도 있고 친절한 선생님도 계십니다. 그런데 교실에서 생활하면서 불편한 점은 없었나요? 어떤 점이 불편했는지 아래에 쓰세요.

어떤 것이 불편한가요?

1

2

3

4

5

교실에서 생활할 때 불편한 점을 모두 적었나요? 그럼 그중 가장 불편한 점 하나를 골라 그 이유와 해결 방법 그리고 친구들의 반응을 생각하여 써 보세요. 해결 방법은 현실적인 방법을 써도 좋고 상상해서 써도 좋아요.

🌸 우리 교실 더 편하게 바꾸기

1. 무엇이 가장 불편한가요?

2. 왜 불편한가요?

3. 어떻게 바꾸어야 할까요?

4. 바뀐 뒤 친구들의 반응은 어떨까요?

모두 썼나요? 그럼 친구들 앞에서 발표해 보세요. 발표할 때 친구들의 조언도 잘 듣습니다. 다른 친구들이 발표할 때는 여러분도 친구들에게 해결 방법을 조언해 주세요.

4 상상해서 설명하기

우리는 미술 시간에 그림을 그리기도 하지만 다른 사람이 그린 그림을 보기도 합니다. 이번 시간에는 그림을 보고 상상해서 쓰기를 할 거예요. 그림을 보면서 제목, 그린 이, 느낌을 상상해서 쓰세요. 정답을 맞히는 것이 아니니 상상한 대로 쓰면 됩니다. 먼저 다음 그림을 보고 빈칸을 채우세요.

	상상해서 쓰기		이유
제목		⇨	
시대	조선 시대	⇨	오래전에 그린 그림 같으니까
그림의 느낌	호랑이가 웃기게 생겼다.		

모두 빈칸을 채웠나요? 그럼 친구들 앞에서 발표해 보세요. 재미있는 상상을 한 친구가 있다면 칭찬해 줍시다.

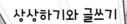

이번에는 다른 그림을 살펴볼 거예요. 아래 그림을 살펴본 다음 질문에 대한 답을 상상해서 써 봅시다.

상상해서 쓰기

1. 제목은?

2. 그림을 그린 장소는?

3. 소는 무슨 생각을 할까?

4. 아이는 무슨 생각을 할까?

자신이 상상한 내용을 빈칸에 모두 썼나요? 그럼 친구들 앞에서 발표해 보세요. 친구들은 어떻게 썼는지 잘 들어 봅니다.

5 합치면 어떻게 변할까요?

여러분은 페가수스에 대해 들어본 적 있나요? 페가수스는 전설에 나오는 동물이에요. 우리가 알고 있는 말과 똑같이 생겼지만 큰 날개가 있어 하늘을 날 수 있다고 합니다.

말 ＋ 독수리 ＝ 페가수스

그런데 사실 페가수스는 말과 독수리의 날개를 합친 모습입니다. 이렇듯 신화나 전설에서는 서로 다른 동물을 합쳐 새로운 상상의 동물을 만들어 내요. 이번에는 여러분이 직접 여러 동물을 합쳐 상상의 동물을 만들어 보세요.

먼저 자기가 가장 좋아하는 동물을 아래에 쓰세요. 동물을 고르기가 어렵다면 도움 상자를 참고하세요.

• 합칠 동물들 선택하기 •

🗃 **도움상자**

호랑이	원숭이	비둘기	고래	늑대	치타	참새	여우	말
고슴도치	상어	코뿔소	사자	펭귄	다람쥐	곰	악어	코끼리
염소	앵무새	돼지	소	백조	개	캥거루	뱀	햄스터
고양이	병아리							

합칠 동물을 골랐나요? 그럼 여러 동물을 합치면 어떤 모습이 될지 상상하면서 아래에 있는 '내가 만든 상상의 동물'을 써 보세요. 먼저 자기가 만든 동물의 이름을 쓰고 나서 특징을 씁니다. 그런 다음에는 자기가 만든 동물의 모습을 상상하며 그려 보세요.

내가 만든 상상의 동물

🌸 이름

🌸 특징

🌸 모습

여러분만의 새로운 동물을 만들었나요? 새로 만든 동물이 주인공인 글을 자유롭게 써 보세요. 조금 어렵다면 여러분이 만든 동물을 소개하는 글을 써도 좋아요. 모두 쓴 다음에는 친구들 앞에서 발표합니다. 어떤 친구가 재미있는 이야기를 썼는지 잘 들어 봅니다.

내가 만든 동물이 주인공!

제목

_____

_____

_____

_____

_____

_____

_____

_____

_____

_____

여덟째 마당

내 의견 글로 쓰기

내일은 우리 반 반장을 뽑는 날입니다. 반장 선거를 하기 전에 반장 후보들이 친구들 앞에서 왜 자기가 반장이 되어야 하는지, 반장이 되면 학급을 어떻게 이끌어 갈지 얘기해야 해요. 몇몇 친구가 저더러 밀어 줄 테니 반장 선거에 나가보라고 해서 저도 도전해 보려고요. 그런데 한 가지 문제가 있어요. 연설을 멋지게 해서 표를 많이 얻으려면 미리 말하기 연습을 해야 하거든요. 그러려면 말할 내용을 먼저 글로 써 보아야 하고요. 어떻게 하면 제 생각을 담은 글을 잘 써서 연설을 멋지게 하고 반장이 될 수 있을까요?

1 의견 글로 쓰기

　여러분은 부모님께 용돈을 올려 달라고 주장한 적이 있나요? 그럼 그때 부모님께 어떻게 이야기했나요? 의견만 전달하고 말았나요, 아니면 근거도 붙여서 이야기했나요? 아마 근거를 잘 설명한 친구는 용돈을 올려 받았을 테고 그렇지 못한 친구는 실패했을 거예요. 그리고 실패한 까닭은 대부분 적절한 근거를 대지 못했기 때문일 거고요.

　어떤 주장을 말할 때는 그에 맞는 근거를 잘 들어야 해요. 근거 없는 주장은 전기 없는 선풍기와 같아요. 이번 시간에는 상대방이 내 의견을 잘 이해하고 받아들일 수 있도록 글 쓰는 방법을 배워 볼 거예요.

돋보기 상자

☆ 주장과 근거

주장은 자기 의견이나 생각을 굳게 내세우는 것입니다. 주장할 때는 반드시 타당한 근거가 있어야 합니다. 근거는 주장을 뒷받침할 수 있는 사실이나 생각입니다.

　주장과 근거의 예
주장 : 길거리에 쓰레기를 버리면 안 된다.
근거 : 길거리가 더러워져서 사람들에게 피해를 준다

2 주장과 근거 그리고 해결책

올바른 근거 쓰기

　주장하는 글을 쓰기에 앞서 다른 친구들이 쓴 주장하는 글을 살펴볼 거예요. 아래의 글을 읽고 주장하는 내용, 주장하는 근거, 해결 방안을 나누어 봅시다.

> 대중교통을 이용할 때는 조용히 해야 한다. 다른 사람들에게 피해를 줄 수 있기 때문이다.
> 그리고 나는 시끄러우면 짜증이 나기 때문이다. 따라서 대중교통을 이용할 때는 조용히 하고
> 전화 통화는 짧게 해야 한다. 음악은 작은 소리로 들어야 한다.

　주장하는 내용, 근거, 해결책을 모두 찾았나요? 제시한 이유 가운데 이상한 것이 있지 않았나요? 있다면 어떻게 고치는 것이 좋을지 생각하여 써 봅시다.

이상한 부분

⇩

올바른 근거

　이상한 부분을 찾아 올바르게 고쳤나요? 근거는 주장에 맞게 써야 합니다. 다른 사람들이 볼 때 공감할 수 있어야 하고요.

129

내가 만드는 근거와 해결책

내세울 의견을 생각하기는 어렵지 않아요. 의견을 뒷받침할 만한 근거와 해결책을 생각하기가 어렵지요. 하지만 근거와 해결책을 생각하는 것도 자꾸 연습하다 보면 금세 익숙해지고 쉬워집니다. 여기에서는 의견에 대한 근거와 해결책 찾기를 연습할 거예요.

먼저 아래 주장하는 글을 보고 적절한 근거를 쓰세요. 조금 어렵다면 친구들과 이야기해 보고 나서 써도 좋아요.

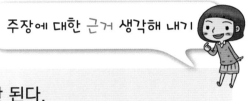
주장에 대한 근거 생각해 내기

| 주장 | 길거리에 쓰레기를 함부로 버려서는 안 된다. |

근거 1

근거 2

해결책 1 길에 쓰레기를 버리는 사람은 엄하게 처벌한다.

해결책 2 길에 쓰레기를 버리지 말라는 공익 광고를 한다.

적절한 근거를 생각해서 썼나요? 그럼 친구들 앞에서 발표해 보세요. 자기가 쓴 근거보다 더 적절한 근거를 발표한 친구가 있다면 그 근거로 고쳐 씁시다.

이번에는 주장에 대한 해결책을 생각해서 쓰세요. 어떻게 하면 사람들이 재활용을 철저하게 할지 아래에 써 봅시다. 조금 어렵다면 친구들과 이야기하고 나서 써도 좋아요.

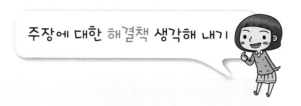

주장　재활용을 철저히 해야 한다.

근거 1　환경 보존에 도움이 된다.

근거 2　한정된 자원을 효율적으로 쓸 수 있다.

해결책 1

해결책 2

사람들이 재활용을 적극적으로 할 수 있도록 해결책을 잘 썼나요? 그럼 친구들 앞에서 이야기해 보세요. 재미있는 해결책을 이야기한 친구가 있다면 칭찬해 줍니다.

❸ 주장하는 글 뼈대 만들기

글을 쓸 때는 어떻게 쓸지 전체 내용을 미리 생각해 보는 것이 좋아요. 특히 주장하는 글은 꼭 써야 할 내용을 미리 정리해 두면 편리할 뿐만 아니라 중요한 내용을 빠뜨리지 않을 수 있습니다.

그럼 주장하는 글의 뼈대를 만들어 볼 거예요. 먼저 '지각을 하지 말자'는 주장의 뼈대를 만듭니다. 근거와 해결책은 앞에서처럼 친구들과 이야기하고 나서 써도 좋아요.

주장하는 글의 뼈대 만들기

주장	지각을 하지 말자.

근거 1

근거 2

근거 3

해결책 1

해결책 2

해결책 3

모두 주장하는 글의 뼈대를 만들었나요? 그럼 친구들과 서로 어떤 내용을 썼는지 비교해 보세요. 더 좋은 생각을 쓴 친구가 있다면 그 내용을 옮겨 써 봅시다.

④ 설문지 작성 : 친구들의 생각 알아보기

여러분은 다른 사람들의 생각이 궁금할 때 어떻게 하나요? 직접 찾아가서 물어볼 수도 있지만 설문지를 이용하면 더욱 효과적입니다.

설문지는 사람들의 생각을 물어보는 글을 적은 질문지예요. 그래서 시험지처럼 생겼지요. 하지만 설문 내용이 어렵지는 않아요. 설문지를 제대로 만들면 사람들의 생각을 잘 알 수 있고 주장하는 글의 자료로 쓸 수도 있어요. 아래 설문지에 답하면서 설문지의 구조를 살펴봅시다.

설문지의 예

조사 내용 욕설과 관련된 내용 조사하기

1. 여러분은 욕설을 얼마나 자주 하나요?

① 0회   ② 1~3회   ③ 4~9회   ④ 10회 이상

2. 여러분은 욕설을 들으면 기분이 어떤가요?

① 아무렇지 않음   ② 아주 조금 기분이 나쁨

③ 기분이 나쁨   ④ 매우 기분이 나쁨

모두 설문지에 답했나요? 이 설문지는 욕설과 관련된 내용을 묻고 있습니다. 여러 사람이 답한다면 얼마나 자주 욕설을 하는지, 욕설을 들으면 기분이 어떤지 잘 알 수 있어요. 그리고 '욕설을 하지 말자'고 주장하는 글의 자료로 쓸 수도 있습니다.

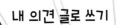

이번에는 여러분이 직접 설문지를 만들어 보세요. 설문지는 조사 내용을 정한 다음 물어볼 내용을 작성하면 됩니다. 설문지를 만든 뒤에는 짝에게 실제로 설문 조사를 해 보세요.

내가 만드는 설문지

조사 내용 지각과 관련된 내용 조사하기

1. 한 학기에 몇 번 정도 지각을 하나요?

① 없음　　　　② 1~2번　　　　③ 3~4번　　　　④ 5번 이상

2. _____

①　　　　　　　　　　　　　　②

③　　　　　　　　　　　　　　④

3. _____

①　　　　　　　　　　　　　　②

③　　　　　　　　　　　　　　④

설문지 만들기와 설문 조사를 모두 해 보았나요? 설문지는 다른 사람들의 생각을 물어볼 때 효과적입니다. 앞으로도 자주 활용하세요.

5 내 의견 연설문으로 쓰기

이번에는 내 의견을 연설문으로 쓸 거예요. 어떻게 해야 하는지 잘 모르겠다고요? 우리가 지금까지 한 것을 차례차례 하면 됩니다. 먼저 글의 뼈대를 만들 거예요. 아래에 주장할 내용과 근거, 해결책을 씁니다.

주장하는 글의 뼈대 만들기

주장

근거 1

근거 2

근거 3

해결책 1

해결책 2

해결책 3

 **돋보기 상자**

여러 사람 앞에서 자기의 주장이나 의견을 전달하는 것을 '연설'이라고 합니다.
연설문은 연설에서 말할 주장이나 의견을 쓴 글을 말합니다.

글의 뼈대를 완성했나요? 그럼 이제 주장할 내용과 관련된 설문지를 만듭니다. 설문지를 만든 다음에는 짝꿍에게 설문 조사를 해 보세요.

내가 만드는 설문지

조사 내용

1. _____
   ①   ②

   ③   ④

2. _____
   ①   ②

   ③   ④

3. _____
   ①   ②

   ③   ④

모두 설문 조사를 해 보았나요? 그럼 이제 글을 쓸 재료는 모두 모았습니다. 재료를 이용해서 연설문을 한 편 만들어 보세요. 조금 어렵다면 선생님이나 친구들의 도움을 받아도 좋아요.

연설문으로 내 의견 말하기

_____

_____

_____

_____

_____

_____

_____

_____

_____

_____

연설문을 모두 썼나요? 그럼 친구들 앞에서 발표해 봅시다. 다른 친구들이 발표할 때
는 집중해서 잘 듣습니다.

쏙쏙! 함께 하는 특별 활동 시간

지금까지 '쏙쏙! 국어 교실'로 공부하면서 제가 무척 똑똑해졌다는 생각이 듭니다. 하하하! 그런데 공부하다 보니 우리말은 다른 나라 말보다 느낌이나 소리, 맛 등을 표현하는 말이 풍부하다는 사실을 알게 되었어요. 이런 말들을 함께 익혀 볼까요?

① 첫 번째 활동, 오감으로 표현하기

여러분이 아주 신 레몬을 먹었다면 맛이 어떻다고 이야기할까요? 아마 대부분 '레몬은 정말 시다'라고 할 거예요. 그럼 레몬에서는 어떤 소리가 날까요? 조금 황당하다고요? 물론 레몬에서 소리가 나는 것은 아닙니다. 하지만 상상해 볼 수는 있어요. 자, 레몬도 소리를 낸다고 상상해 봅시다. 어떤 소리로 표현할 수 있을까요? 아마도 친구들마다 재미있는 소리를 말할 거예요. 이번 시간에는 대상의 느낌을 눈, 코, 입, 귀, 손으로 표현해 보겠습니다. 어렵게 느껴진다고요? 그럼 아래에 있는 예를 참고하세요.

바다

눈	바다를 보면	눈이	아른거립니다.
코	바다에서는	어부의	냄새가 납니다.
입	바다는	반찬	맛이 납니다.
귀	바다에서는	고장 난 텔레비전	소리가 납니다.
손	손으로 바다를 만지면	미끌미끌한	느낌이 납니다.

140

부록

먼저 맨 위에는 오감(눈, 코, 입, 귀, 손)으로 표현할 대상이 적혀 있어요. 이 대상을 보고 빈칸에 들어갈 말을 쓰면 됩니다. 예를 들어 코로 느낀 바다를 떠올리면 "바다에서는 어부의 냄새가 납니다."로 표현할 수 있어요. 귀로 느낀 바다를 떠올리면 "바다에서는 고장 난 텔레비전 소리가 납니다."라고 쓸 수도 있고요. 이제 조금 이해되었나요? 그렇다면 지금부터 본격적으로 시작해 봅시다. 아래에 있는 빈칸을 여러분의 상상력으로 채우세요. 잘 떠오르지 않는다면 선생님이나 친구들의 도움을 받아도 좋아요.

소나무

눈	소나무를 보면	눈이	
코	소나무에서는		냄새가 납니다.
입	소나무는		맛이 납니다.
귀	소나무에서는		소리가 납니다.
손	소나무를 손으로 만지면		

바위

눈	바위를 보면	눈이	
코	바위에서는		냄새가 납니다.
입	바위는		맛이 납니다.
귀	바위에서는		소리가 납니다.
손	바위를 손으로 만지면	

컴퓨터

눈	컴퓨터를 보면	눈이	
코	컴퓨터에서는		냄새가 납니다.
입	컴퓨터는		맛이 납니다.
귀	컴퓨터에서는		소리가 납니다.
손	컴퓨터를 손으로 만지면	

버스

눈	버스를 보면	눈이	
코	버스에서는		냄새가 납니다.
입	버스는		맛이 납니다.
귀	버스에서는		소리가 납니다.
손	버스를 손으로 만지면		

모두 오감으로 표현했나요? 그럼 '소나무, 바위, 컴퓨터, 버스' 가운데 가장 마음에 드는 한 가지를 선택하여 발표해 보세요. 친구들이 발표할 때는 잘 듣습니다. 그리고 왜 그렇게 표현했는지 궁금하다면 발표가 끝난 뒤 물어보세요.

② 두 번째 활동, 어떤 소리를 내나요?

세상에는 '짹짹' 참새 소리, '빵빵' 자동차 소리 같은 소리가 많아요. 이런 소리는 말로 표현할 수도 있지만 글로 쓸 수도 있어요. 예를 들어 개는 '멍멍', 고양이는 '야옹야옹'이라고 쓰지요. 이렇게 많은 소리를 조금 독특하게 표현해 볼 거예요.

1) 어떻게 바꿀 수 있을까요?

여러분은 고양이, 참새, 오리 같은 동물들이 내는 소리를 '야옹야옹', '멍멍', '짹짹'으로 쓴다는 것을 이미 배웠을 거예요. 하지만 소리는 듣는 사람에 따라 다르게 표현될 수 있어요. 예를 들어 개가 짖는 소리를 한국 사람들은 '멍멍'이라고 쓰지만 미국과 영국 사람들은 '바우와우(bowwow)'라고 표현해요. 그렇듯이 이번 시간에는 여러 동물의 소리를 여러분 생각대로 적어 볼 거예요. 예전에 배웠던 것과 상관없이 여러분만의 표현으로 소리를 써 봅시다. 잘 생각나지 않는다면 친구들이나 선생님의 도움을 받아도 좋아요.

고양이는	니야홍	소리를 냅니다.
오리는		소리를 냅니다.
부엉이는		소리를 냅니다.
고래는		소리를 냅니다.
얼룩말은		소리를 냅니다.
원숭이는		소리를 냅니다.

모두 자신만의 생각으로 동물들의 소리를 표현했나요? 그럼 가장 마음에 드는 것을 골라 친구들 앞에서 발표해 보세요. 다른 친구들이 발표한 소리가 재미있었다면 칭찬해 줍시다.

2) 어떤 소리로 표현할 수 있을까요?

이번에는 여러 사물이 내는 소리를 여러분 생각대로 적어 보세요. 예를 들어 '가스레인지'는 불꽃이 일어나는 소리인 '화르륵 화르륵'으로 표현할 수 있습니다. 그럼 '비행기, 컴퓨터' 등은 어떤 소리로 표현할 수 있을까요? 함께 생각해 본 뒤 여러분만의 표현 방식으로 쓰세요. 조금 어렵다면 친구들이 쓴 내용을 참고하거나 선생님의 도움을 받아도 좋아요.

가스레인지는	화르륵 화르륵	소리를 냅니다.
비행기는		소리를 냅니다.
컴퓨터는		소리를 냅니다.
칠판은		소리를 냅니다.
선풍기는		소리를 냅니다.
세탁기는		소리를 냅니다.

쏙쏙! 국어교실 **정답**

첫째 마당	

9쪽 개구쟁이, 웃어른, 얼음

12쪽 ㅇ, ㅖ, ㄴ
ㅍ, ㅖ

13쪽 ㅂ, ㅏ, ㅇ
ㄱ, ㅟ
ㅇ, ㅣ, ㄴ
ㅅ, ㅐ

15쪽 ㅅ, ㅏ
ㄱ, ㅘ

16쪽 가다
먹다

17쪽 모르다, 싣다, 젓다

18쪽 　순서대로 다시 쓰기 1　
❶ 다르다 ❷ 며칠 ❸ 붙이다
❹ 센티미터 ❺ 틀리다

　순서대로 다시 쓰기 2　
❶ 배우다 ❷ 변하다 ❸ 보전
❹ 보존 ❺ 부치다

　순서대로 다시 쓰기 3　
❶ 얘기 ❷ 예의 ❸ 왠지
❹ 웬일 ❺ 의견

19쪽 용돈, 축구, 카드, 타다, 폭탄

20쪽 동: 흥인지문, 서: 돈의문, 남: 숭례문

22쪽 　나만의 사전 만들기 1　
발음: [귀ː엽따]
예: 새로 키우게 된 강아지가 매우 귀엽다.

23쪽 　나만의 사전 만들기 2　
뜻: 서로 서로 친하게 지내는 사람.
　　사이가 가까운 사람.
예: 새로 사귄 친구와 즐겁게 놀았다.

둘째 마당	

32쪽 ❶ 떡볶이 가게에서 튀김을 사 먹었다.
❷ 약을 먹어서 그런지 금세 병이 다 나았다.
❸ 오늘따라 왠지 된장찌개가 짠 것 같았다.
❹ 명수는 어이없이 며칠 동안이나 연락을 안했다.

36쪽 ❶ 웃어른, 윗옷, 드러나다, 많이, 깨끗이, 며칠, 이튿날

40쪽 ❶ 반듯이 → 반드시
❷ 가르쳤다 → 가리켰다
❸ 어떻게 → 어떡해
❹ 틀리지 → 다르지
❺ 잘한데 → 잘한대
❻ 이뻐 → 예뻐
❼ 웬지 → 왠지
떡볶기 → 떡볶이

43쪽 권, 그루, 바퀴, 벌, 잔, 송이, 채, 척, 켤레, 편

44쪽 2개, 30일, 두 권, 열두 가지

45쪽 피읖, 티읕, 히읗, 기역

기획 · 편집	박미영(국립국어원 학예연구사)
집 필	박미영(국립국어원 학예연구사)
	하영우(국립국어원 연구원)
	권미영(국립국어원 전문위원)
	김지연(국립국어원 국어문화학교 강사)

-초등학교 고학년 학생을 위한- **국립국어원과 함께하는 쏙쏙! 국어교실**

초판인쇄	2014년 8월 20일
초판발행	2014년 8월 30일
저자	국립국어원
회장	엄호열
펴낸이	엄태상
펴낸곳	한글파크
등록일자	2000년 8월 17일
등록번호	1-2718호
주소	서울시 종로구 자하문로 300 시사빌딩
전화	내용문의 (02)764-1009
	주문문의 (02)3671-0555
팩스	(02)3671-0500
홈페이지	http://www.langpl.com
이메일	info@langpl.com

| ISBN | 978-89-5518-523-2 64710 |
| | 978-89-5518-521-8 (set) |